D1722307

ERZGEBIRGE

Spielzeug aus Seiffen ★ Sagenhafte Geschichten

RUTH GERIG VERLAG

Inhalt

Impressum

© Ruth Gerig Verlag 2000

Goldstraße 12/13, D-06484 Quedlinburg

Telefon 03946/915-967, Telefax 915-968

Druckvorlagenherstellung: Hans Altenkirch Media. Gedruckt
in Slowenien bei Ma-tisk, Maribor. Fotos und Textbearbeitung:
Uwe Gerig. Zusatzfotos von Seiffener Kunsthandwerkern und
Archivfotos. Nicht immer sind die Inhaber von Rechten an
Fotos und Texten feststellbar. Der Verlag verpflichtet sich,
berechtigte Ansprüche auch nachträglich nach den Honorar-
sätzen des Verlages zu vergüten. Nachdruck und Einspeiche-
rung in elektronische Dateien nur nach vorheriger schriftli-
cher Genehmigung des Verlages. Die Texte bassieren auf der
„alten" Form deutscher Rechtschreibung.

ISBN 3-928275-90-9.

Das vorliegende Buch erscheint im zehnten Jahr nach der deutschen Wiedervereinigung. Es ist eine veränderte Neuauflage der Titel „Erzgebirge sagenhaft" und „Spielzeugdorf Seiffen Erzgebirge", die der Verlag seit dem Jahr 1992 in mehreren Auflagen herausgebracht hatte. 1992 befand sich die Wirtschaft des Erzgebirges im Umbruch. Der Tourismus entwickelte sich mit verbesserten Angeboten, die Kunsthandwerker mußten sich mit ihren Erzeugnissen am Markt neu positionieren. Heute ist das Erzgebirge eine touristisch und wirtschaftlich attraktive Region in Deutschland.

Geheimnisvoller Wald

Die slawischen Ureinwohner der Gegend nannten den dichten Wald des heutigen Erzgebirges „Miriquidi" („Schwarzwald"). Nur selten durchquerten sie ihn in Richtung des heutigen Böhmen jenseits der Gipfel. Als die Deutschen das Gebiet kolonisierten, entstand die Bezeichnung „böhmischer Wald". Später, im 16. Jahrhundert, sagten die Menschen „die Erzgebirge", dann endlich setzte sich die heute gebräuchliche singuläre Form „das Erzgebirge" im Sprachgebrauch durch. Geografisch reicht das Erzgebirge vom Tal der Gottleuba im Osten bis zum Tal der Zwota westlich von Schneeberg. Die Orte Flöha, Wilkau und Siebenlehn bilden die Grenze des Erzgebirges im Norden. Südlich des Erzgebirgskammes reichen die Wälder bis zum Egertal.

Als das heutige Sachsen in der jüngeren Steinzeit von Westen (Thüringen) und Süden (Elbtal) aus besiedelt wurde, blieb das Erzgebirge unberührt. Auch in der Bronzezeit, als germanische Siedler aus Schlesien und aus der Niederlausitz in die Gegend vordrangen, ließ sich kaum ein Mensch im Erzgebirge nieder. Erst im Laufe des 12. Jahrhunderts erreichten während der Kolonisationsperiode markgräfliche Vasallen und kaiserliche Ministerialen die dichten Wälder der Grenzmark zwischen Meißen und Böhmen. Kaiser Friedrich Barbarossa, seit 1157 oberster Lehnsherr der Burggrafen von Colditz, Leisnig, Meißen und Rochlitz, wird dafür gesorgt haben, daß die durch den Erzgebirgswald nach Böhmen führenden strategisch wichtigen Wege unter seiner Hoheit ausgebaut wurden.

Freundlich wie Tiroler

Um die Erzgebirger kennenzulernen, muß man sie in ihrer Behausung aufsuchen: den Wirtschaftsbesitzer und den Waldarbeiter, den Fabrik- und Heimarbeiter, den Handwerker und den kleinen Kaufmann. Oder man muß auf der Kleinbahn ihren Gesprächen lauschen. Sie sind auf der Reise gegen ihre Kinder so freundlich und gütig wie die Tiroler. Der Erzgebirger neckt sich auch gern, aber nicht in ätzendem Spott, sondern in gutmütiger Schalkheit. Er ist gegen jedes fremde Weh sehr mitleidig, gegen Armut sehr freigebig, und je höher wir in seine Berge hinaufkommen, um so mehr mischt sich, wie bei anderen Waldleuten, auch seinem Wesen etwas Träumerisches und Versonnenes bei. So ist er für Musik ganz besonders empfänglich. Auf den Höhen des Gebirges tönt Gesang und der weiche Ton der Zieharmonika fast aus jeder Hütte. Die Rüstigkeit, Betriebsamkeit und der Erfindungsgeist des Erzgebirgers ist mit Recht sprichwörtlich. Es gibt kaum ein Gebiet des Gewerbefleißes, das man nicht im Erzgebirge versucht und gefördert hat. **Buchautor Otto Eduard Schmidt 1922.**

Namensdeutungen

Cranzahl (ältere Form: Craenzagil) bedeutet Krähenschwanz, wahrscheinlich von der Form der Dorfflur abgeleitet. Malter oder Meltheuer könnten volkstümliche Abwandlungen des lateinischen Wortes molitura (zu mahlendes Getreide) sein. Slawischen Ursprungs wird der Flußname Zschopau sein, abgeleitet vom Wort „sopawa" (reißend, zischend, tosend). Siebenlehn war einst ein bekannter bergmännischer Ausdruck: wer eine neue Erzader fand, erhielt sieben Lehen zum eigenen Abbau.

Annaberg

Mit mehr als 8000 Einwohnern war die Stadt im Jahre 1509 bedeutender, als zur gleichen Zeit die Residenzstadt Dresden oder die Messestadt Leipzig. Die größte spätgotische Hallenkirche Sachsens, die 1499 bis 1525 erbaute St. Annenkirche, zeugt noch heute vom einstigen Reichtum Annabergs. Rechenmeister Adam Ries, ein Franke, siedelte in den sächsischen Silberbergbauort über und verfaßte dort seine wichtigsten wissenschaftlichen Arbeiten.

Bergstadt Altenberg

Stadtrechte erhielt Altenberg bereits 1451 verliehen. Von 1440 bis 1991 bestimmte der Zinnabbau das Leben in der Bergstadt. Auch als Erholungs- und Wintersportort ist das 750 m hochgelegene Altenberg bekannt. Bereits 1907 wurde am Geisingberg eine Sprungschanze gebaut. Weitere Schanzen folgten am Raupennesthang und im Riesengrund. Ein Biathlonstadion, später nach Zinnwald verlegt, eine Rennschlitten- und Bobbahn und Langlaufloipen machen Altenberg für Wintersportler interessant. Die bewirtschafteten Aussichtspunkte auf der Basaltkuppe Geisingberg (824 m) und dem Kahleberg (905 m) sind beliebte Wanderziele. Auf dem Kahleberg verleben viele Menschen bei jeder Witterung die Silvesternacht. In der Waldschänke „Altes Reupennest" hatte der Dichter und Heimatsänger Max Nacke (1883-1958) viele Jahre sein Domizil. Von ihm stammt das über die Grenzen des Erzgebirges hinaus bekannte Lied „Alte gute Bimmelbahn". **Heinz Bernhard**

Brand-Erbisdorf

Erbisdorf ist ein Waldhufendorf, das vermutlich von fränkischen Bauern besiedelt wurde. 1209 kam es durch Kauf zum Kloster Altzella. Der Bergflecken hatte weder eine eigene Flur, noch Rathaus oder Kirche. Erst mit der Einführung der Städteordnung 1834 bekam er eine Stadtverfassung und im Wappen – ursprünglich Schlägel und Eisen – wurde der Bienenkorb eingeführt. Durch die endgültige Einstellung des Bergbaus 1913 und die Industriegründungen ab der Jahrhundertwende wurde die Vereinigung beider Orte, Brand und Erbisdorf, notwendig. Die Vereinigung erfolgte am 1. April 1912. Es wurden Holzindustrie, Glaswerke und das Motorenwerk „Elite" angesiedelt. Die Weltwirtschaftskrise führte zum Bankrott der meisten Betriebe. Am 1. September

Bergparaden sind in Freiberg seit mehr als 400 Jahren üblich. Aus dem Jahre 1557 ist der erste Bergaufzug zu Ehren von Kurfürst August, Kurfürstin Anna und der Königinwitwe von Dänemark urkundlich belegt. Als der russische Zar Peter I. im Jahre 1711 Freiberg besuchte, um die Grube „König August" und die Hütte Halsbrücke zu besichtigen, paradierten ebenfalls Bergleute vor dem hohen Gast. 1768 führte das Oberbergamt eine neue Arbeits- und Paradekleidung für Berg- und Hüttenleute und für die Beamten ein. Die historischen Uniformen dienten als Vorlagen für die heute übliche Kleidung der Teilnehmer des Freiberger Bergaufzuges.

1952 wurde Brand-Erbisdorf Kreisstadt. Die beiden größten Betriebe, Preß- und Schmiedewerke und Leuchtstofflampenwerk NARVA, hatten jeder rund 2000 Beschäftigte. Die Bevölkerungszahl blieb bis heute knapp unter 10 000 Einwohnern. Ortsbild und Umgebung werden geprägt von den Hinterlassenschaften des Bergbaus in Form von Halden, alten Huthäusern und Zeugen der bergmännischen Wasserführung. Das Museum im alten Huthaus der Grube „Einigkeit" besitzt eine sehenswerte Sammlung von Arbeitsgeräten und Modellen des Bergbaus des 19. Jahrhunderts.

Heinz Bernhardt

Chemnitz

Kaiser Lothar III. ließ im 12. Jahrhundert auf dem heutigen Schloßberg ein Benediktinerkloster gründen, dem das Fernhandelsrecht zugestanden wurde. Kaiser Friedrich I. (Barbarossa) verlieh dem Kloster der benachbarten Siedlung wahrscheinlich 1165 oder 1172 Markt- und Stadtrechte. Der Name „Chemnitz" leitet sich aus der slawischen Bezeichnung für „Steinbach" ab. Chemnitz war wegen seiner günstigen Lage am Schnittpunkt von Handelsstraßen in seiner langen Geschichte immer ein wichtiger Warenumschlagplatz und Industriestandort. Wegen der vielen Fabrikschlote am Ende des 19. Jahrhunderts wurde Chemnitz auch das „sächsische Manchester" oder umgangssprachlich „Rußchamtz" genannt. 1883 zählte man in der Stadt 100 000 Einwohner, um 1900 hatte sich die Bevölkerungszahl bereits verdoppelt. Die Umbenennung in Karl-Marx-Stadt wurde nach der „Wende" 1990 rückgängig gemacht. Sehenswert: der Rote Turm (12. Jahrhundert), einst Teil der Stadtmauer. Gefängnis und Ort des Gerichtes, das Alte Rathaus (15. Jahrhundert) im Renaissancestil, das 1907-1913 im Jugendstil erbaute Neue Rathaus (Wand- und Deckenmalerei), das Siegertsche Haus, erbaut 1737/41 im Barockstil, der „versteinerte Wald", 250 Millionen Jahre alte verkieselte Baumfossilien. In den Städtischen Kunstsammlungen sind Werke von Caspar David Friedrich, von Spitzweg, Barlach, Liebermann und anderen Künstlern zu sehen. Das Grafikkabinett beherbergt Kunstwerke von Dürer, Rembrandt, Daumier und Käthe Kollwitz.

Freiberg

Markgraf Otto ordnete die Gründung der Stadt zwischen 1185 und 1190 an. Harzer Bergleute aus der Gegend um Goslar wurden angesiedelt. Am Ende des 13. Jahrhunderts endete die erste Blütezeit Freibergs, als durch Zwietracht im Hause Wettin Kriege ausbrachen. 1307 gewann der Meißener Markgraf Friedrich seine „alte getreue Stadt Freiberg" wieder. Ulrich Rülein von Calw, Bürgermeister um 1500, entwickelte das Berg- und Hüttenwesen weiter. Er ließ 1515 auch das erste humanistische Gymnasium Sachsen in Freiberg gründen. Die Stadt war lange Zeit der wichtigste Industriestandort und Handelsplatz des Landes. Goethe war mehrmals Gast der alten Bergstadt. Carl Maria von Weber komponierte dort seine erste Oper „Das stumme Waldmädchen", Theodor Körner lebte zwei Jahre in Freiberg. Sehenswert: der Dom mit seiner berühmten „Goldenen Pforte", der Tulpenkanzel von Hans Witten (um 1510) und der großen Silbermann-Orgel. Der Marktplatz mit Löwenbrunnen und Rathaus bildet das Zentrum der geometrisch angelegten Stadt. Kunz von Kauffungen, der Altenburger Prinzenräuber von 1455, wurde dort öffentlich hingerichtet.

Geising

Geising ist eine Bergarbeitersiedlung, die 1857 aus der Vereinigung der Ortsteile Altgeising und Neugeising entstand. Die Besiedlung der Gegend begann nach 1440. Das Stadtbild wird bestimmt von dem um 1500 errichteten Saitenmacherhaus mit dem mächtigen Walmdach (seit 1686) und der vor 1690 erbauten Stadtkirche. Zwei bekannte Thomaskantoren, Thomas Schelle (geboren 1648) und Johann Kuhnau (geboren 1660), stammen aus dem Erzgebirgsstädtchen. Nach 1905 wurden eine Schanze, eine Rodelbahn und eine Naturbobbahn gebaut. Das Eisstadion am Gründel war Austragungsort für viele Eishockeyspiele. Seit 1952 wird am Sonntag vor Fasching der Ski- und Eisfasching gefeiert. Zehn-

Das Kurrendesingen hat eine lange Tradition im Erzgebirge. Die Kinder, bekleidet mit dunklen Umhängen, deren weiße Kragen in der Dunkelheit leuchten, werden an vielen Haustüren von den Bewohnern schon erwartet. Nachdem sie ihr Lied gesungen haben, beschenkt man sie mit Süßigkeiten, reicht ihnen eine Tasse Tee zum Aufwärmen, oder schenkt ihnen ein paar Münzen. Das Geld wird anschließend unter den kleinen Sängern gerecht aufgeteilt. Geprobt wird für das Kurrendesingen an den Adventssonntagen bereits im Frühherbst. Natürlich singen die Kurrendekinder auch bei den sonntäglichen Gottesdiensten.

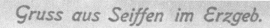

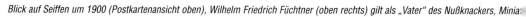

Blick auf Seiffen um 1900 (Postkartenansicht oben), Wilhelm Friedrich Füchtner (oben rechts) gilt als „Vater" des Nußknackers, Minia⟨

Seiffen im Spielzeugwinkel. *Bis zur Mitte des 19. Jahrhundert war das Spielzeugdorf des Erzgebirges ein Bergbauort. Als der Zinnabbau unrentabel wurde, begannen die Bergleute Spielzeug aus Holz herzustellen. Heute ist die Spielzeugproduktion der Haupterwerbszweig. Das Holz für die Miniaturen, für Nußknacker und Schwibbogen lagert vor vielen Türen. Im wiedervereinten Deutschland ist das traditionsreiche Spielzeugdorf Seiffen ein Geheimtip für erlebnishungrige Touristen. Der kleine Erzgebirgsort, unmittelbar an der Grenze zu Böhmen gelegen, lockt Wanderlustige, Naturliebhaber und Freunde des Holzspielzeugs gleichermaßen an. In Seiffen kann man sich erholen, kann sich an handwerklich schönen Dingen erfreuen, kann den geschickten Meistern über die Schulter schauen und kann natürlich alles kaufen, was das Herz begehrt: Nußknacker, Räuchermännchen, Miniaturspielzeug. In Seiffen ist immer Saison.*

...ang Glöckner (unten links) und aus der Werkstatt Ullrich

tausende besuchen den Faschingsumzug, und der Ruf „Pitsche, patsche, naß, naß, naß!" zeugt davon, daß der Umzug bei jedem Wetter stattfindet. Sprünge von der Schanze oder Eiskunstlauf im Faschingskostüm, gehören ebenso zum Geisinger Fasching, wie die Schneefiguren in den Vorgärten.

Heinz Bernhardt

Geyer

Als Kunz von Kauffungen am 8. Juli 1455 die geraubten Prinzen Albrecht und Ernst durchs Erzgebirge schleppte, läuteten die wackeren Bürger von Geyer ihre große Sturmglocke so heftig, daß sie zersprang. Kurfürst Friedrich ließ die Glocke später umgießen und mit einer Darstellung des Prinzenraubes verzieren. In Geyer wohnte Hieronymus Lotter. Sein Grabmal befindet sich in der Kirche. Lotter starb 1580. Auf dem Friedhof von Geyer ist der Engländer Evan Evans begraben worden, der 1812 in Siebenhöfen bei Geyer die erste sächsische Baumwollspinnerei einrichtete. Weder Geyer noch das benachbarte Ehrenfriedersdorf besitzen Beurkundungen ihrer Stadtrechte, die lange vor dem 15. Jahrhundert erteilt wurden. Die Urkunden von Geyer verbrannte Pfarrer Hollenhagen zusammen mit allen Kirchenbüchern in einem Anfall von Kriegspsychose während des Dreißigjährigen Krieges auf dem Marktplatz. Die Ehrenfriedersdorfer versteckten ihre Urkunden aus Angst vor marodierenden Dragonern zur gleichen Zeit im Sauberger Stollen. Aber gerade dieser Stollenteil stürzte ein und begrub allen Akten in der Tiefe. Sehenswert in Ehrenfriedersdorf: der um 1507 entstandene sechsflügelige Altar in der Nikolaikirche mit reichem Schnitzwerk, wahrscheinlich von Hans Witten. - Im Wachtturm von Geyer, dem 42 m hohen Wahrzeichen der Stadt, ist in sieben Stockwerken das sehenswerte Heimatmuseum untergebracht. Dort werden Ausstellungsstücke und Dokumente zur Bergbaugeschichte und über das Spitzenklöppeln gezeigt. Auch ein Funktionsmodell der Binge, des seltenen Naturdenkmals, das 1704 und 1803 durch den Einsturz der den Geyersberg durchziehenden Bergwerke entstand, ist zu sehen.

Hartenstein

Kleinstadt zwischen der Mulde und den nördlichsten Höhenrücken des Erzgebirges. Sehenswert: Burg Stein mit regionalgeschichtlichem Museum, die Ruine des Schlosses Hartenstein, Schloß und Park Wolfsbrunn (Jugendstilbau), Geburtshaus und Denkmal des Dichters Paul Fleming.

Hohenstein-Ernstthal

Einst ein Weberort, der durch den Sohn eines Webers, Karl May, weltbekannt wurde. Karl May wurde 1842 in der Kleinstadt (heute 17 000 Einwohner) geboren. Zeitweise schrieb er unter dem Pseudonym Karl Hohenthal. Auf dem westlich der Stadt gelegenen „Sachsenring", einem traditionellen Motodrom, werden Motorradrennen veranstaltet.

Johanngeorgenstadt

Protestanten aus den nahen Orten Platten und Gottesgab, die dort von Jesuiten drangsaliert wurden, erhielten am 23. Februar 1654 vom Kurfürsten Johann Georg I. die Erlaubnis, sich am Fastenberg anzusiedeln. Haupterwerbszweig war der Bergbau. 1815 beschäftigte das Bergamt, zu dem auch Eibenstock und Schwarzenberg gehörten, 1100 Bergleute. Goethe erwähnte seinen Aufenthalt in der Stadt in einem Brief an Frau von Stein am 18. August 1785. Um 1950 Zentrum des Uranbergbaus. Wegen angeblicher Bergsenkungen wurden damals Teile der Altstadt abgerissen. Unmittelbar am Stadtrand verläuft die Grenze zu Tschechien.

Lauenstein

Das kleine Städtchen im Osterzgebirge ist 1243 erstmals urkundlich erwähnt worden. Aus der Burg über dem Müglitztal wurde durch Umbauten im 16. Jahrhundert ein prächtiges Renaissanceschloß, bis 1945 Sommersitz einer Familie von Hohenthal, heute Museum. Sehenswert ist auch der Falknerbrunnen am abschüssigen Platz vor dem Schloßeingang. Die spätgotische Hallenkirche mit einem 1594 erneuerten Landhaus ist durch den

reich verzierten Altar aus Sandstein kunsthistorisch interessant.

Marienberg

Als am Anfang des 16. Jahrhunderts bei Wüstenschletta reiche Silberfunde gemacht wurden, entschied sich Herzog Heinrich zu Gründung einer neuen Stadt nach italienischem Vorbild im Stil der Renaissance. Das Denkmal des Stadtgründers ist auf dem großen Marktplatz zu bewundern. Vom einstigen Reichtum Marienbergs zeugen das Zschopauer Tor und der Rote Turm, die Marienkirche und das Rathaus mit dem prächtigen Portal. Schnell zu erreichen sind reizvolle Erholungsgebiete, wie der Rätzteich bei Pobershau, das Natzschungtal und das Flöhatal. Wer die Gegend aus der Luft betrachten möchte, kann vom drei Kilometer westlich Marienbergs gelegenen Flugplatz Großrückerswalde per Flugzeug starten.

Oberwiesenthal

Mit 972 Metern höchstgelegene Stadt Deutschlands. 1526 gegründet, seit 1527 Stadtrechte. Nach anfänglich ergiebigem Silberbergbau lebten die Bewohner von Waldarbeit. Spitzenklöppeln und Wiesenwirtschaft. Seit 1900 Entwicklung zum Fremdenverkehrsort. Der 1213 Meter hohe Fichtelberg ist per Seilbahn zu erreichen.

Oederan

In einem Park des kleinen Städtchens Oederan haben Heimatfreunde Burgen und Rathäuser, Wassermühlen, Bauerndörfer und einzelne historische Gebäude maßstabgerecht nachgebaut. Durch das Miniatur-Erzgebirge pilgern auf bequemen Wegen täglich Tausende.

Pockau

Wer ins mittlere Erzgebirge über die Landstraße nach Marienberg, Olbernhau und Seiffen reist, sollte nicht versäumen, das an der Wegstrecke liegende technische Museum, die Ölmühle Pockau, zu besuchen. Entstanden aus ehemals sieben Bauernhöfen, die zur Herrschaft Lauterstein gehörten, liegt an der Mündung der Pockau in die Flöha in einem weitgezogenen Talkessel die Gemeinde Pockau (ca. 3600 Einwohner). Die Wasserkraft der Pockau nutzend, erbaute Johann Börner 1783 die Ölmühle, die über sechs Generationen bis 1969 in Familienbesitz blieb. Von 1783 bis 1945 wurde dort vorwiegend Leinöl, ein früher sehr wichtiges und gesundes Volksnahrungsmittel, hergestellt. Mit alter Technik, als Antriebskraft Wasser, mühte man sich, in einer Stunde drei Liter Leinöl zu gewinnen. Viele Ölmühlen haben das große Mühlensterben nach 1880, nach 1930 oder nach 1960 nicht überlebt. In jahrelanger Arbeit gelang es, die Ölmühle von 1783 in ihrem ursprünglichen Zustand wieder funktionstüchtig herzustellen. So gibt es heute die Pockauer Ölmühle mit ihrer alten Technik, mit halbmittelschlächtigem Wasserrad, Wellbaum, hölzernem Stirnrad und Stabrad, Stampfwerk mit fünf Stampfpaaren, gemauertem Ofen mit Pfanne und einer Keilpresse mit Hammer, als einzige Art im mitteleuropäischen Raum.

Scheibenberg

Die „Orgelpfeifen", vierzig Meter hohe Basaltsäulen in der Nähe der Stadt, sind ein sehenswertes Naturphänomen, das entstand, als bei der Bildung des Erzgebirges flüssige Lava in ein Flußtal lief und dort erstarrte. Scheibenberg ist schachbrettartig angelegt und hat einen großen quadratischen Marktplatz. Die prächtig ausgeschmückte St. Johannis Kirche lohnt einen Besuch. Im benachbarten Crottendorf ist die Dreifaltigkeitskirche sehenswert

Schneeberg

Stadtrechte seit 1481. Der Silberbergbau begründete den einstigen Reichtum der Stadt. 1478 existierten dort 57 Zechen innerhalb der Stadtgrenzen und 110 außerhalb. 1594 war die Silberausbeute aber weitgehend erschöpft. Wahrzeichen Schneebergs ist die St. Wolfgangkirche (1516-1540 erbaut), eine der größten evangelischen Hallenkirchen Sachsens. Sehenswert ist auch das Museum für bergmännische Volkskunst. Alljährlich

Uranerzbergbau der Wismut. *Alte Bergbaustandorte waren nach dem Ende des Zweiten Weltkrieges Ausgangspunkt des intensivsten Bergbaus in der Wirtschaftsgeschichte des Erzgebirges – des Uranbergbaus der WISMUT. Auf der Suche nach dem Ausgangsstoff für eine eigene Atombombe hatte die sowjetische Besatzungsmacht in den ehemaligen Silberbergbauregionen des westlichen Erzgebirges schnell Erfolg. Uranfunde waren hier bereits seit dem vorigen Jahrhundert bekannt. Besonders fündig wurde man nach 1946 nordöstlich des Radiumbades Oberschlema im Gebiet von Niederschlema/Alberoda. Von 1946 bis 1954 unter alleiniger Regie, von 1954 bis 1990 mit deutscher Beteiligung, wurden aus den erzgebirgischen Lagerstätten etwa 90 000 Tonnen Uran gewonnen, davon im Gebiet Niederschlema/Alberoda bei Aue allein rund 74 000 Tonnen. Diese Lagerstätte erfaßte eine Tagesoberfläche von über 20 Quadratkilometern und wurde bis in eine Tiefe von 1800 m bergmännisch erschlossen. Das Bergwerk gehörte damit zu den tiefsten Gruben Europas. Die Gesteinstemperaturen lagen in diesen großen Tiefen bei 65 Grad Celsius. Im Verlaufe ihrer Tätigkeit hatte die WISMUT mehrere hunderttausend Beschäftigte. Sie wurde zum größten Arbeitgeber der Region. Über ihre Tätigkeit wurde strikte Geheimhaltung verordnet, was zu erheblichen Informationsdefiziten in der Öffentlichkeit und bei den Betroffenen führte. Erst mit Herstellung der deutschen Einheit wurden die Tabus aufgehoben.*

am 22. Juli (Maria-Magdalenen-Tag) wird der „Bergstreittag feierlich mit einer Bergparade und einem Gottesdienst begangen. Das Fest geht auf erfolgreich geführte Lohnkämpfe der Bergleute in den Jahren 1492/94 zurück. (Foto S. 15)

Schwarzenberg

1282 erste urkundliche Erwähnung. 1533 kaufte Kurfürst Johann Friedrich von Weimar die Herrschaft Schwarzenberg. Zinnschmelzhütte seit 1550. Eisenbergbau. 1824 Neuaufbau nach einem Stadtbrand. Sehenswert: das 1433 erbaute Schloß (1555/58 zum kurfürstlichen Jagdschloß umgebaut). Pfarrkirche St. Georg (einschiffiger Barockbau von 1690 mit freitragender Holzdecke ohne jeden Stützpfeiler). Kuriosum nach 1945: vom 11. Mai bis 24. Juni blieb der Landkreis Schwarzenberg unbesetzt von alliierten Truppen, erst danach rückten die Russen ein.

Stollberg

Stadt und Landkreis liegen am Nordrand des Erzgebirges. Die Kreisstadt (13 000 Einwohner) wurde 1244 erstmals urkundlich erwähnt. Ein sehenswertes Baudenkmal ist die kleine spätgotische Marienkirche, die um 1460 auf den Grundmauern einer um 1225 entstandenen spätromanischen Anlage erbaut wurde. Unter Denkmalschutz stehen u.a. das 1812 im klassizistischen Stil erbaute Kreisgericht, das Königsche Haus und das Geburtshaus des Stollberger Ehrenbürgers Carl v. Bach. Die Aula der Oberschule (Jugendstil) ist durch das Wandgemälde „Pestalozzi in Stans" bekannt. Im berüchtigten Frauengefängnis Hoheneck hoch über der Stadt wurden zu DDR-Zeiten viele politische Häftlinge, vor allem Frauen, schikaniert. Das benachbarte Oelsnitz war seit 1844 Zentrum des Steinkohlereviers.

Thum

Zwischen Chemnitz und Annaberg liegt Thum in einer Höhe zwischen 490 und 580 m. Eine Urkunde von 1407 berichtet, daß die Markgrafen von Meißen dem damaligen Dorf Thum das Marktrecht

verliehen. 1469 erkaufte der Marktort seine eigene Gerichtsbarkeit. Zu den markantesten Gebäuden der Stadt gehören die St. Annenkirche, das Rathaus mit dem schönen Renaissanceportal und dem Stadtwappen und die 1871 erbaute Bürgerschule, heute Gymnasium. Der langgestreckte, rechteckige Marktplatz ist damals wie heute Mittelpunkt der Stadt. Ein Anziehungspunkt ist am ersten Advent der Weihnachtsmarkt mit der großen Bergparade.

Zschopau

In der Stadt wurde einst der DKW gebaut. Bereits 1938 kam jedes fünfte in Deutschland hergestellte Motorrad aus Zschopau. Nach dem Zweiten Weltkrieg wurde die Produktion der Zweitakt-Motorräder MZ weltweit bekannt. Wahrzeichen der im Tal liegenden Stadt ist der „Dicke Heinrich", der Bergfried der im 12. Jahrhundert erbauten Burg Wildeck. In der Burg sind heute die Musikschule und die Kreisbibliothek untergebracht. Durch den Landkreis Zschopau führt ein Teil der Touristenroute „Silberstraße Erzgebirge". „Das Tal der Zschopau zwischen Wolkenstein und Kriebstein ist eine der schönsten Landschaften in Deutschland, die ich kennengelernt habe", soll schon Goethe gesagt haben. Sehenswert rings um Zschopau ist vieles: Thum, die alte Bergstadt mit einem 1969 gegründeten Tiergarten, der Greifenbach-Stauweiher, ein beliebtes Wassersportzentrum an der ältesten Talsperre des Erzgebirges, oder das Wandergebiet Bornwald-Heinzewald. Auf der Naturbühne an den Greifensteinen finden in den Sommermonaten Theater- und Kinovorführungen statt. Seit 1846 wird dort schon gespielt. Vor der Granitfels-Kulisse reitet Karl Mays Winnetou, sind Western-Helden aktiv oder posieren die Bremer Stadtmusikanten. Einen Besuch lohnen auch die alten Kirchen: die Stadtpfarrkirche St. Niklas in Ehrenfriedersdorf mit einem der schönsten mittelalterlichen Altäre des Erzgebirges, die einschiffige St. Bartholomäuskirche in Wolkenstein, die Dorfkirche von Großolbersdorf oder die spätgotische Hallenkirche St. Martin in Zschopau mit der barocken Innenausstattung.

Redensarten und Sprichworte. *Man sagte früher: Wenn einer vom Himmel in einen guten Ort fallen wolle, dann möchte er sich in die meißnischen Bergstädte wünschen. Eine Abänderung lautet: Wenn einer vom Himmel fiele, so könne er nichts besseres tun, als auf Marienberg zu fallen.* * *Herzog Georg pflegte von seinen Städten zu sagen:* „*Leipzig die beste, Chemnitz die feste, Freiberg die größte und Annaberg die liebste.*" *Ebenso rührt von diesem Fürsten der Ausspruch über drei Berge in der Nähe Schneebergs her:* „*Der Gleßberg ist ein tauber Berg, der Mühlberg ein verschworner Berg, sehet mir auf den Schickenberg!*" *Außer dem angeführten Spruche von Freiberg lautet ein anderer:* „*Meißen wird ertrinken, Freiberg wird versinken, Dresden wird man zusammenkehren.*" * *Erz führt wieder zu Erz.* * *Kies macht den Bergmann ungewiß.* * *Zank ist des Bergwerks Untergang.* * *Wenig Zubuß, viel Ausbeut', machet fröhliche Bergleut'.* *

Die Entdeckung des Silberschatzes

Zum Rittergut Neustädtel bei Schneeberg gehörte einst ein riesiger Wald, in dem nur wilde Tiere lebten. Dort verirrte sich Anno 1470 der böhmische Hausierer Sebastian Romner aus Krems. Von einem Steiger der nahegelegenen Eisenzeche Schlema wurde der Wanderer auf den rechten Weg zurückgeführt. Beide Männer unterhielten sich, und der Bergmann klagte, daß der Eisengehalt des Erzes ständig abnehme. Sebastian Romner ließ einige Gesteinsproben in Nürnberg untersuchen. Die Fachleute fanden Erstaunliches: bestes Silbererz! Romner eilte nach Sachsen zurück, um die Entdeckung auszubeuten. Unterwegs wurde er jedoch in Zwickau wegen Trunkenheit festgenommen und eingesperrt. Gegenüber einem Hauptmann Mülich von Carlowitz äußerte der Arrestant, er wisse in der Nähe einen Schatz, durch den man ungeheuer reich werden könne. Carlowitz gehörten, welch ein Zufall, jene Eisenerzgruben bei Schneeberg. Der Besitzer und der böhmische Hausierer begannen gemeinsam, nach Silbererz zu schürfen. Sebastian Romner heiratete bald Anna von Bünau, eine Verwandte von Carlowitz. So begründete er das Geschlecht der „Römer" auf Neumark.

Nach einer anderen Sage sollen die Silberfunde bei Schneeberg von einem Pferd entdeckt worden sein, das mit dem Huf in der Erde gescharrt haben. Eine Magd habe 1526, so erzählte man sich, den „Freudensteiner Gang" bei Schneeberg entdeckt, als sie auf dem hinteren Glößberg Gras mähte und mit einer Sichel einen Silberzahn abhieb.

Der Geist in der St. Wolfgangskirche

Ursprünglich hatte die St. Wolfgangskirche in Schneeberg drei Haupteingänge, von denen aber derjenige, der sich der Superintendentur gegenüber an der Turmseite befand, später zugemauert wurde. Der Grund sei folgender gewesen: Ein früherer Pfarrer hat sich alle hundert Jahre des Nachts sehen lassen, und das

letzte Mal soll er dem Pfarrer W. erschienen sein. Um nun das Wiedererscheinen des Gespenstes für alle Zeiten zu verhindern, vermauerte man nicht nur den Kirchengang, sondern auch die gegenüberliegende Haustür der Oberpfarrerwohnung, die sich auf der schmalen Seite des Hauses befand, und verlegte sie nach der Breitseite, wo sie sich noch heute befindet. Trotzdem glaubt man noch jetzt, daß es auf dem Kirchplatz nicht richtig sei, und man bringt zum Beispiel das vor einer Reihe von Jahren auf dem Platz geschehene Unglück, bei dem ein Arbeiter durch einen Erdfall ums Leben kam, damit in Zusammenhang. Viele meinen, daß der umgehende Geist sein Opfer gefordert habe.

Förster Rachhals flieht durchs Fenster

In früheren Zeiten lebte in Aue ein Förster mit Namen Rachhals. Er war rauh in seinem Wesen und flößte allgemeine Furcht ein, so daß man seiner Person gern aus dem Wege ging. Nach seinem Tode ging die Sage, Rachhals sei in eine finstere Kammer seines Hauses, durch die eine Esse führte, verbannt worden und spuke darin um Mitternacht. Die Kammer hatte nur ein kleines Fenster nach dem Hof, und es wurde erzählt, sobald dieses Fenster geöffnet werden würde, sollte Rachhals erlöst sein, gleichzeitig aber würde auch das Haus abbrennen. Das Haus stand in der Nähe des jetzigen Gasthofes zum Engel. Als dort im Jahre 1859 Feuer ausbrach, wurde auch das ehemals Rachhals'sche Haus ein Raub der Flammen.

Das Fräulein auf der Mulde

Vor langer Zeit war auf dem Rittergut Klösterlein bei Aue ein Fräulein gestorben, das nach seinem Tode des nachts auf der Mulde dahin schweben soll. Da geschah es, daß zwei Bergleute eines Sonntags in einer schönen Sommernacht von Schlema nach Zelle gingen, um dort Musik zu machen. Ihr Weg führte sie über die sogenannte Ochsenwiese und den Klostersteg. Als sie an die Ochsenwiese kamen, setzten sie sich nieder, um ein wenig auszuruhen. Dabei kamen sie auf

Frühe Stadtgründungen. Die Herren von Stollberg und Greifenstein ließen die Gegend südlich der Reichsstadt Chemnitz erschließen. Seit 1218 war Dippoldiswalde Mittelpunkt einer deutschen Siedlung im Osten des Erzgebirges. Burg Frauenstein, 1218 erstmals urkundlich erwähnt, bildete das südlichste Vollwerk der Meißner Markgrafen. Mehrere große Besiedlungswellen, von den Meißner Markgrafen zwischen 1440 und 1540 veranlaßt, brachten Bauern und Bergleute auch in die Kammlagen des wilden Gebirges. Schon um 1240 hatten vom böhmischen Egerland nordwärts vordringende Kolonisten unter dem Mückenberg Zinnvorkommen entdeckt und ausgebeutet. Als Hauptorte des sächsischen Bergbaus entstanden Altenberg (1440), Schneeberg (1470), Annaberg (1492), Marienberg (1520), Scheibenberg (1515), Joachimstal (1515), Gottesgab (1525) und Oberwiesenthal (1526).

den Gedanken, dem Fräulein ein Morgenständchen zu bringen, und als sie eine Weile geblasen hatten, näherte sich ihnen das in einen Schleier gehüllte Fräulein und warf jedem ein Sträußchen in den Schoß. Der eine von ihnen steckte es in eine Tasche seines Kittels, der andere aber warf es weg. Als am nächsten Morgen derjenige, der sein Sträußchen eingesteckt hatte, den Kittel wieder anziehen wollte, kam ihm der so schwer vor, und als er in die Tasche griff, um nachzusehen, zog er sein Sträußchen heraus, das sich in pures Gold verwandelt hatte. Voll Freude teilte er dies seinem Kameraden mit. Als jener nun eilends nach der Ochsenwiese lief, um das andere Sträußchen zu suchen, konnte er es nirgends finden und er mußte unverrichteter Sache wieder nach Hause zurückkehren.

Freude am Schreckenberg

Am Abend vor dem Fronleichnamsfest des Jahres 1495 ging der Bergmann Kaspar Nietzeit aus dem Walddorf Frohnau am Fuße des Schreckenberges zum nahen Gewässer, um sich für das bevorstehende Fest einige Fische zu fangen. Mit einem Stock wühlte er im Wasser. Dabei brach Erde vom Uferrand ab und legte etwas grünliches Gestein frei. Der Bergmann ließ den Brocken in Geyer untersuchen. Zwei Lot Silber enthielt das Gestein. Kaspar Nietzeit begann an jener Stelle zu graben und legte einen Gang an, den er „Fronleichnamsstollen" nannte. Die Ausbeute war groß: 400 000 Guldengroschen (Speziestaler) in kurzer Zeit! Einige Zeit später wurden an anderer Stelle des Schreckenberges und am benachbarten Schottenberg ähnliche Entdeckungen gemacht. Plötzlich wurde es lebendig im früher so ruhigen Tal. Von überallher strömten die Bergleute nach Frohnau. Deshalb mußte am 21. September 1496 der Grundstein für eine neue Siedlung gelegt werden, die den Namen „Neustadt am Schreckenberge" erhielt. Erst 1501 wurde der Ort in Annaberg umbenannt.

Etwas anders und noch sagenhafter werden die Silberfunde bei Annaberg so geschildert: Der arme Bergmann David Knappe lebte im Wald, aber er konnte trotz großen Fleißes seine Frau und die Kinder nicht mehr ernähren. Nachts erschien ihm im Traum ein Engel und sprach: „Geh in den tiefen Wald und suche einen Baum, in dessen Zweigen silberne Eier verborgen sind. Den Baum erkennst du an seiner unermeßlichen Größe." Daniel erwachte, und als der Morgen graute, lief er in den Wald, um den sagenhaften Baum zu suchen. Er durchstreifte das Dickicht, erstieg Berge, durchforschte dunkle Täler. Endlich fand er den großen Baum. Doch in den Zweigen sah er, so angestrengt er auch spähte, keine silbernen Eier. Niedergeschlagen wollte er sich wieder auf den Heimweg machen, als der Engel erneut erschien: „Der Baum hat auch Zweige in der Erde," sagte er und entschwebte. Daniel nahm seine Hacke und grub im Boden. Tatsächlich: Die Wurzeln des riesigen Baumes umschlossen pures Silbergestein! Daniel weinte vor Freude. Endlich war ihm und seiner Familie geholfen. In Annaberg brachen „silberne" Zeiten an.

Die Strafe des Berggeistes

In der Grube „Rosenkranz" arbeiteten einst zwölf Knappen. Sie schwadronierten miteinander und verspotteten den Berggeist als nichtexistenten Popanz. Plötzlich erschien eine Roßgestalt mit langem Hals und feurigen Augen in der Grube. Die Männer erschraken zu Tode. Aus dem Roß wurde der Bergmönch. Schweigend näherte er sich jedem einzelnen und hauchte ihn an. Sein Atem aber war das böse Wetter. Alle sanken nieder und nur einem gelang es, lebend den Ausgang zu erreichen. Dort starb auch er. Die silberreiche Grube „Rosenkranz" mußte kurze Zeit später aufgegeben werden.

Die geheimnisvolle Linde

Der Friedhof von Annaberg liegt weit ab von der Kirche. Dort liegen viele der Bergherren und Fundgrübner, der Rats- und Handelsherren, ehrsamen Handwerker und Bergleute begraben, die einst in der großen Kirche ein- und ausgingen und ihre herrlichen Kunstwerke stifteten. Dieser Friedhof, vor dem Tore gelegen, wurde am 27. Oktober 1519 in Anwesenheit des Herzogs Georg geweiht, indem

Export in alle Welt. *Seiffener Spielzeug war schon im 18. Jahrhundert ein Exportschlager, wie der Brief des Olbernhauer Verlegers Johann Gottlieb Semler beweist, den er 1787 an den sächsischen Kurfürsten richtete. „Schon im Jahre 1782 habe ich ohne zu rühren mit allen Eifers und gethane Reisen mich bemüht, die inländischen Holz-Waren zu vertreiben und bin so glücklich gewesen, daß ich im Januar 1784 25 Kisten an Werthe 2 500 Thlr. mit der spanischen Silberflotte, dann im Monat Juni 1785 zweihundert Kisten an Werthe 10 000 Thlr., und dann zuletzt im Monat Dezember vorigen Jahres (1786) dreihundert Kisten an Werth 12 643 Thlr. 18 Gr. in verschiedene außer Europa mehrenteils liegende Gegenden versendet...“*

der Bischof heilige Erde, die Papst Leo X. vom heiligen Feld des Marienhospitals in Rom geschickt hatte, dort ausstreute. An der Stelle, wo es geschah, steht ein Kruzifix, dicht dabei ein 1834 errichteter Gedenkstein für Barbara Uttmann und eine merkwürdig alte niedrige Linde, deren sich weit ausbreitende Äste auf weißen Holzsäulen ruhen. Man sieht an der Gestalt des Baumes, daß diese Äste nicht aus der Krone, sondern aus dem Wurzelstock getrieben sind. Der Baum ist also verkehrt in die Erde gepflanzt worden. „Eines Marstallers Sohn" soll in Annaberg durch die Wunderlinde von seinem Unglauben befreit worden sein. Eine spätere Wendung machte den Adam Ries zum Helden der Geschichte. Er beschäftigte sich nicht nur mit Mathematik, sondern trug sich, wie nachmals Dr. Faust, auch mit religiösen Zweifeln, und besonders die Auferstehung der Toten schien ihm undenkbar. Am 16. Oktober 1519 ging er mit seinem Beichtvater in eifrigem Streit über dieses Thema auf dem Friedhofe umher. Der Geistliche bemühte sich, aus der Heiligen Schrift die Wahrheit der Auferstehungslehre zu beweisen. Aber immer wieder betonte Ries, auch die Gottheit vermöge nichts gegen die unabhänderlichen Gesetze der Natur. Der Tote sei eben tot. Da zog der Beichtvater ein am Wege wachsendes Lindenbäumchen aus der Erde und steckte es mit den Worten: „So wahr ich dieses junge Bäumchen verkehrt in die Erde steckte und es doch zu einem großen Baum heranwachsen wird, ebenso gewiß gibt es eine Auferstehung." Ungläubig lächelnd ging Ries von dannen. Als er aber kurze Zeit hernach wieder auf den Friedhof kam, sah er, daß das Bäumchen mit der Krone in die Erde eingewachsen war und aus der Wurzel Zweige trieb. Seit dieser Zeit wurde Ries ein gläubiger Christ und blieb es bis zu seinem Tode 1559. Diese Linde wird von den Annabergern hoch in Ehren gehalten. Und wenn am Trinitatistage hier auf dem Kirchofe von der alten Bergkanzel aus unter freiem Himmel gepredigt wird, sitzen die Ratsherren und Vornehmen der Stadt unter den Zweigen des Baumes, der Gottes Allmacht so deutlich bekundet.

O.E. Schmidt, Kursächsische Streifzüge, 1922.

Das fromme Käthchen und der Teufel

Gegenüber der schönen Stadt Annaberg liegt, getrennt durch den tiefen Sehmagrund, der Schreckenberg. Hinter dessen Hügel erheben sich seitwärts von dem uralten Dorf Frohnau riffähnliche Felsen, die seit undenklichen Zeiten den Namen Kädel – oder Käthchenstein führen. An diese Felsenmasse knüpft sich folgende Sage: Als sich der Bergbau in der Nähe von Annaberg entwickelte, wohnte dort ein frommer Bergmann, der Steiger Günzer, mit seinem anmutigen Töchterlein Käthchen in einer einfachen Hütte. Die liebliche Tochter suchte ihr ganzes Glück in der Pflege ihres Vaters, und dieser fühlte sich am glücklichsten, wenn er Schicht machen und zu seinem Kinde heimgehen konnte. Einst hatte der Steiger Günzer seine Grube verlassen und schritt furchtlos vorwärts durch die kalte Winternacht nach Hause. Der Schneesturm tobte durch die Wälder, und mancher eisbeschwerte Baum wurde entwurzelt. Günzer beschleunigte seine Schritte und war der Hütte schon ziemlich nahe gekommen, da trat ihm plötzlich ein Mann in den Weg, der rief ihm mit einer hohlen, grauenerregenden Stimme ein „Glück auf" zu und fragte: „Wohin des Wegs?" „Nach Hause!", entgegnete Günzer kurz, indem er nach seiner auf der Höhe liegenden Hütte deutete. „So nehmt mich mit!", rief der Fremde und setzte hinzu: „Ich kenne hier weder Weg noch Steg, alles ist verschneit, darum laßt mich die Nacht hindurch unter euerm Dache ruhen." Der Bergmann schauderte bei den Worten des Fremden. Einen Augenblick bedachte er sich, dann sprach er halblaut: „Es ist ja Christenpflicht, sich der Verlassenen zu erbarmen", sagte er zu dem Fremden. „Kommt nur mit mir und ruht aus unter meinem Dache." Während der Steiger diese Worte sprach, fiel der Schein seines Grubenlichtes dem Unbekannten ins Gesicht. Jener sah sehr verstört und verwildert aus und hatte etwas leichenähnliches an sich. Dem Bergmann grauste es. Bald waren beide bei der Hütte angekommen und Käthchen leuchtete den Ankommenden entgegen. Erschrocken trat sie sogleich zurück und

Seiffener Angebote. *Viehherden, Feldschlachten, Pferde aus Masse, Menagerien, Flinten, Pistolen, Holzpferde, Häuser, fahrende Vögel, Holzschläge, Städte und Figuren, Soldaten, Gemüsemärkte, Garnwinden, Stopfpilze, Möbel, Holzquirle, Nudelhölzer, Federkästen, Klimperkästen, Soldaten, Frachtwagen, Sprossenwagen, kleine Möbel, Schlangen, Services, Kanonen, Schießscheiben, Stehaufchen, Turner, Bäumchen, Affen, Zappelmänner, Hundewagen, Klapperstörche, Wiegenreiter, Hühnerhöfe, Landgüter, Güterwagen, Jagden aus Masse, Brezelschnurren, Tiere mit Tuchstaub belegt, Windmühlen, Schaukeln, Schachspiele, Topfgeschirre, Schwenkhähne.*
Warenaufstellung aus dem Jahre 1875.

sagte halblaut: „Herr Jesus, stehe uns bei!" Plötzlich sank sie in eine tiefe Ohnmacht.

Erst am frühen Morgen erwachte sie wieder. Da war der fremde Gast längst verschwunden. „Warum führtest du diesen Mann in unser Haus?", fragte Käthchen ihren Vater „Kennst du ihn denn? Mir wird bange, wenn ich an den schrecklichen Blick des Fremdlings und an seine heulende, häßliche Stimme denke." Käthchen sah sich scheu um, als ob sie einen Feind in ihrer Nähe fürchtete, dann flüsterte sie ihrem Vater zu: „Wehe mir! Der Fremdling war der Teufel und ich bin seine Braut!" „Kind, bist du von Sinnen?", rief erregt der Vater. „Nein", erwiderte Käthchen, „ich hatte in der Nacht einen furchbaren Traum. Ich träumte, daß ich im Walde schlief, und als ich dort lag, da erschien mir einer, der aussah, wie unser böser Gast. Er näherte sich mir, obwohl ich mich sträubte. Ich kämpfte mit allen meinen Kräften, doch vergeblich. Der Unhold nannte mich seine Braut, küßte mich dreimal und ging darauf in einem Feuerstrome von mir weg. Ich sah an seinem Schädel die Hörner, ich sah seine Pferdefüße und habe nun den Teufelskuß. Ich bin mit dem Satan verlobt!" Als seine Tochter das gesagt hatte, sah der Vater auf dem Tisch einen Zettel liegen, der mit Blut beschrieben war. Auf dem Papier stand: „Du bist mit mir verlobt und in neun Wochen werde ich um Mitternacht an deine Tür klopfen, um dich als meine Braut wegzuführen."

„Das ist Höllenspuk", sagte der Vater, „aber der Fürst der Finsternis hat keine Macht über uns Frommen. Die Kirche wird den Teufelsbann lösen, deshalb werde ich sofort zum Pfarrer nach Schlettau gehen und dort um seine Hilfe bitten." Der Bergmann machte sich auf den langen Weg hinüber zum Dorf Schlettau. Als er dort ankam, sagte man ihm, daß der Pfarrer gerade gestorben sei. Wer sollte jetzt helfen? Vater und Tochter suchten Trost im Gebet. So verging Woche um Woche. Als der letzte Tag der neunten Woche kam, wagte der Vater nicht, in die Grube zu fahren, sondern er blieb daheim, um am Abend bei seiner Tochter zu sein. Nichts regte sich bis gegen Mitternacht. Doch kaum schlug die zwölfte Stunde, da

ließ sich um die einsame Hütte ein höllisches Toben vernehmen. Gewaltige Schläge dröhnten an die Tür und am Fenster heulte eine Geisterstimme: „Heraus, Käthchen, holde Braut! Spute dich, denn der Verlobte harret dein im feuerfarbenen Kleide!"

Mutig rief Günzer: „Verschwinde, Höllenfürst! Weiche von einem Hause, in dem man Gott verehrt!" Da brüllte draußen die furchtbare Stimme: „Neun Wochen habt ihr Frist, bedenkt es wohl, dann lodern Flammen über eurem Haupte!" Wieder vergingen neun Wochen. Beim letzten Schlage der Mitternachtsstunde prasselten die Tannenwipfel, Schwefelblitze zuckten um das Haus und langanhaltender Donner grollte durch den Wald. Draußen rief eine Stimme: „Jungfrau, komm heraus, nichts brennt so heiß wie Höllenfeuer!" Dann drohte der Stan noch, daß der Vater in neun Wochen sterben müsse. Plötzlich stand das Häuschen in Flammen. Vater und Tochter konnten sich nur mit Mühe retten. Sie fanden bei einem Freund in Frohnau zunächst eine Bleibe. Später erbauten sie mit Hilfe der Nachbarn an anderer Stelle eine neue Hütte. Aber auch dort lebten beide in der Angst vor dem Teufel. Bevor wieder neun Wochen vergangen waren, überfiel den Bergmann eine große Mutlosigkeit. Seiner Tochter sagte er, er wolle sich in sein Schicksal fügen und sein Grab graben. „Die Macht des Stans läßt mir wohl keine Ruhe, bis ich nicht gestorben bin." Käthchen fiel bei diesen Worten wieder in eine tiefe Ohnmacht und träumte, daß Unholde ihre Hütte umtanzten und daß der finstere Gast am Fenster stände, ihren Namen rufe und die Leiche ihres Vaters vor ihre Füße lege. Als sie erschrocken erwachte, stand in der Tür ein blonder Jüngling, von himmlischem Licht umgeben. Der flüsterte ihr zu: „Verzage nicht und folge mir, dann wirst du Ruhe finden." Der Jüngling ging voran und leitete Käthchen bergauf durch den Wald, auf einem Weg, den das Mädchen zuvor noch nie gesehen hatte. Endlich kamen sie auf den Gipfel des Schreckensteines, wo große Felsblöcke aufeinander geschichtet lagen. Dort schlug der Jüngling an die Steine und augenblicklich öffneten sie sich. Beide traten in das Innere. Vorbei an silberblinkenden Wänden

Vom Bergmann zum Drechsler. Die gewerbliche Holzverarbeitung war in Seiffen neben dem Zinnbergbau üblich, aber nicht dominierend. 1644 wurde ein Georg Frohs als „Teller- und Spindeldreher" genannt. 1695 gab es in Seiffen und im angrenzenden Heidelberg vier Drechsler. Sie produzierten Holzteller, Spinnräder, Knöpfe und kleines Kinderspielzeug. Holzdrechselwaren und Spielzeug wurden auch auf Messen feilgeboten. Als der Bergbau unrentabel wurde, machten die Seiffener aus der Not eine Tugend und funktionierten die Erz-Pochstätten zu Drehwerken um. Dort drechselten sie Holzwaren aller Art.

Richtungweisende Worte. *Das Spielzeug, und vor allem auch das moderne, will eine Seele haben, durch die es zum Menschen und vor allem zum Kinde spricht, eine gute Idee in geschmackvoller Durchführung, handwerkliches Können, das zum Betrachten und Nachahmen anreizt, und eine gesunde, freudige Farbgebung. Und da alle diese grundlegenden Dinge zur Anfertigung von brauchbarem, gutem Spielzeug in der traditionellen Entwicklung unserer erzgebirgischen Industrie verankert sind, soll man unbedingt an ihnen festhalten, ohne sich den Fortschritten der Technik und Maschinen verschließen zu müssen.*
Gewerbelehrer Schanz in „Erzgebirgischer Generalanzeiger" um 1930

Unechte Knacker. Was so ursprünglich und exklusiv ist und darüber hinaus auch so beliebt, wie Holzkunst aus dem Erzgebirge, fordert naturgemäß zum Nachmachen heraus. Und so gibt es Nußknacker, die zwar auf den ersten Blick als „echt Erzgebirge" erscheinen, denen jeder Kenner aber sofort ansieht, daß es Fälschungen sind. Spätestens merkt man es jedoch, wenn so ein armer unechter Knacker nach kurzer Zeit den Geist aufgibt, weil bei seiner Herstellung nicht die Qualität den Ausschlag gab, sondern die Masse. Damit Käufer vor solchen Enttäuschungen sicher sind, wurde ein Zeichen gesetzt, an dem man Holzkunst aus dem Erzgebirge auf einen Blick erkennen kann: den kleinen Reiter auf dem Schaukelpferd, ein Zeichen für Originalität und Qualität.

Aus: Werbeschrift des Verbandes Erzgebirgischer Kunsthandwerker und Spielzeughersteller, Obernhau 1993.

kamen sie an ein kristallenes Tor, das zu einer hellfunkelnden Halle führte. Dort umstanden sieben Greise mit Silberbärten das Lager der schlafenden Bergkönigin. Zu ihren Füßen knieten sieben Zwerge. Alles schwieg.

Da schlug die Königin plötzlich ihre Augen auf, blickte die beiden Ankömmlinge an und sprach: „Was sucht ihr in meinem Reiche?" Der Knabe antwortete: „Erhabene Meisterin, ich bringe dir eine unschuldig Verfolgte. Sie und ihren Vater will der Feind alles Guten morgen um Mitternacht vernichten. Verleihe du, gütige Herrscherin, beiden deinen Schutz und deine Hilfe!" „Es sei gewährt, was du für die Frommen erbeten hast!, entgegnete die Frau der Berge. Sie gab einem ihrer sieben Zwerge einen Wink und jener holte aus einem Kästchen ein goldenes Kreuz, besetzt mit Edelsteinen. Käthchen wurde der teure Schmuck um den Hals gelegt. Dabei sagte die Königin: „Trage das Kreuz stets bei dir, dann werden die bösen Mächte dir niemals mehr schaden können!" Zur gleichen Zeit fand der Bergmann tief in der Grube ein kostbares Heiligenbild. Er nahm es an sich und meldete den Fund seinem Vorgesetzten. Dieser meinte, daß sei ein Zeichen des Himmels und ein Geschenk Gottes. Ohne Furcht erwarteten deshalb Vater und Tochter dir gefürchtete Nacht, in der der Teufel wiederkommen würde. Um Mitternacht brauste erneut der Sturm durch den Wald. Heftige Schläge donnerten an Fenster und Türen. „Heraus, du Braut, zum Hochzeitstanz! Heraus des Vaters Kopf!", schrie der Teufel. Vater und Tochter hielten dem Teufel das Heiligenbild und das Kreuz entgegen. Darauf tobte jener noch schrecklicher und rief: „Oh weh, o weh, der Himmel siegt, die finstere Nach muß weichen!" Und die finstere Nacht entwich wirklich unter Gewimmer, Fluch und Geheul. Der Steiger und die Tochter hatten nie wieder Anfechtungen zu erdulden. Mit einem Dankgebet erneuerten sie ihr Gelübde, stets ein gottesfürchtiges Leben zu führen. Käthchen und ihr Vater starben viele Jahre später. Beide sollen unter dem Käthchenstein begraben sein.

Der Panzerreiter

In der Gegend von Stollberg soll bei Nacht ein Reiter ohne Kopf, in einen langen schwarzen Mantel gehüllt, auf einem schwarzen kopflosen Roß herumreiten. Vor ihm her flattert eine grau und schwarz gefleckte Krähe, die sich bisweilen auch auf einer großen Linde in der Oberstadt sehen ließ und durch ihr nächtliches Krächzen jedem, der es hörte, den Tod binnen drei Tagen verkündigte. Nach anderen Erzählungen sollen vor dem Reiter drei Raben fliegen. In dem Haus, wo sich die Vögel niederlassen, soll jemand im gleichen Jahr sterben. Den Reiter nennt man den Panzerreiter.

Der verschollene Kärrner

In der Zeit vor dem Dreißigjährigen Krieg lebte in Stollberg eine Witwe mit ihrer Tochter in einem kleinen Haus, das ihr Mann als einziges Erbe hinterlassen hatte. Im Hause gegenüber wohnte ein junger Händler, der Waren in den umliegenden Dörfern verkaufte. Er war allgemein als der Kärrner mit dem Hund bekannt, denn sein Wagen wurde von einem großen Hund gezogen. Jener Händler hatte schon lange die schöne Tochter der Witwe in sein Herz geschlossen. Am Weihnachtsabend bat er sie, seine Frau zu werden. Das Mädchen sagte freudig zu. Gemeinsam mit der alten Mutter feierte das Paar den Heiligen Abend. Doch plötzlich sprang der Kärrner auf und erklärte, er könne nicht länger bleiben und müsse noch Waren in ein weit entferntes Dorf liefern. Die Braut bettelte, er möge nicht weggehen, sie sei so ängstlich und in großer Sorge um ihn. Doch der junge Mann lachte sie aus. Es sei doch Mondschein. Außerdem sei er den Weg schon viele Male gegangen, sogar bei schlechterem Wetter und im Finstern. Er werde ihn auch heute nicht verfehlen. Das Mädchen setzte sich traurig ans Spinnrad, um sich die Zeit zu vertreiben. Aber in ihrer Angst sah sie schreckliche Bilder: die Spindel und das Garn schienen blutig zu sein, und es war ihr, als spinne sie ihr Leichenhemd. Die ganze Nacht fand sie keine Ruhe. Als die Glocke zur Frühmette läutete, eilte sie hinaus, um zu sehen, wo der Bräutigam bliebe. Doch er kam nicht zurück. Da bat das Mädchen einen freundlichen Nachbarn, es zu dem weit entfernten Dorf zu beglei

Das erzgebirgische Paar. *Lichterengel und Lichterbergmann gehören zu den Symbolfiguren erzgebirgischer Weihnacht. Waren sie zuerst Einzelfiguren – als Verkünder der Weihnachtsbotschaft bzw. Abbild des heimatlichen Broterwerbs – wurden sie mehr und mehr zum Paar. Dabei erhielt der Engel allmählich das Aussehen einer erzgebirgischen Hausfrau (zum Beispiel mit Schürze). Die Sehnsucht nach Licht in der dunklen Jahreszeit und das Licht als Ausdruck der Freude beim Fest der Christgeburt sind sicherlich die wichtigsten Ursachen für das Tragen der Kerzen. Oft stehen im Erzgebirge Engel und Bergmann als weihnachtliche Boten gemeinsam in den Fenstern. Mitunter findet man auch heute noch den Brauch, so viele Engel, wie Töchter im Haus wohnen, und so viele Bergmänner, wie Söhne zur Familie gehören, in die Fenster zu stellen.*
Wolfgang Braun

ten, um dort zu hören, ob dem Geliebten etwas zugestoßen sei. Im Dorf sagte man, der Kärrner sei zwar dortgewesen, aber lange vor Mitternacht wieder heimgefahren. Niemand zweifelte jetzt mehr daran, daß ihm ein Unglick zugestoßen sei. Die Spur des Karrens führte deutlich in Richtung eines morastigen, grundlosen Gebietes am Walkteich, wo sie plötzlich endete. Jetzt konnte die Braut nicht mehr am Schicksal ihres Geliebten zweifeln. Traurig kehrte sie nach Stollberg zurück und war dem Wahnsinn nahe. Jedem erzählte sie, in drei Monaten würde ihr Anton sie zur Trauung abholen und bis dahin müsse sie ihr Hochzeitskleid spinnen. So spann sie bis zum Osterfest. Am Vorabend um Mitternacht pochte jemand dreimal ans Fenster. Das Mädchen öffnete und draußen schien der Bräutigam zu stehen, das Gesicht totenbleich, aber freundlich. Er lud einen Myrtenkranz von seinem Wagen und verschwand wieder. Kaum hatte das Mädchen von dieser Begegnung erzählt, erkrankte es, und einen Tag später war es tot. Seit dieser Zeit sagt man in Stollberg, daß sich der Geist des Kärrners mit Wagen und Hund allnächtlich auf den Gassen sehen lasse. Wenn er vor einem Haus hält und Kränze ablädt, wird ein Hausbewohner drei Tage danach begraben. Das Sumpfloch vor der Stadt heißt noch immer das Kärrnerloch.

Das Geisterschloß

Ungefähr 20 Minuten von Bockau entfernt befindet sich ein Sumpf, von den Bewohnern einfach „die Pfütze" genannt. Dabei erhebt sich ein Felsen, auf dem in gewissen Nächsten zwischen 11 und 12 Uhr ein großes Schloß mit unzählig erleuchteten Fenstern zu sehen ist. Jeder aber, der auf das Schloß zugeht, wird in die Irre umhergeführt. Am gleichen Platz hat sich auch zuweilen ein Reiter ohne Kopf sehen lassen.

Das Männchen in der Grube

Am 7. August des Jahres 1719 arbeitete der Häuer Johann Christoph Schlott im Bergwerk „Zur treuen Freundschaft" untertage. Als die Mittagsglocke angeschlagen wurde, hörte er im Schacht jemand husten und meinte, es sei der Steiger, der sich vor Ort umsehe. Doch niemand kam. Also machte sich der Bergmann auf den Weg, um auszufahren. Da kam ihm eine Gestalt mit brennendem Grubenlicht auf der Strecke entgegen. Als beide sich begegneten, fragte der Unbekannte, ein kleiner Mann in braunem Kittel: „Ist die Schicht schon beendet?" Gleichzeitig hängte er sein Grubenlicht an den Stein und legte die Tasche ab. Christoph Schlott schauderte es. Er eilte davon, traf aber keinen seiner Kameraden mehr in der Grube. Übertage erzählte er von der Begebenheit. Alle lachten ihn aus. Tags darauf fand man aber in der Grube, dort, wo das Männchen sein Licht aufgehängt hatte, eine seltsame Felsspalte. Als die Bergleute dort bohrten, fanden sie eine Erzader.

Geheimnisvoller Jungferngrund

Vor langen Zeiten stand zwischen Neudorf und Oberwiesenthal ein schönes Schloß und darin wohnten noch schönere Burgfräulein. Böse Raubritter zerstörten das Schloß und ermordeten die schönen Jungfrauen. Sie leben aber noch, wohnen im Innern des Berges und bleichen im Frühling ihre Leibwäsche. Der Jungferngrund soll seinen Namen von zwei Jungfern haben, die sich oftmals im Neumond sehen lassen. Es sind Schwestern. Die eine spielt auf der Laute und die andere windet einen Kranz. Wer sie sind, weiß niemand. Den Wiesenthalern dient der Jungferngrund auch als Wetterprophet. Denn wenn der Himmel dort hell ist, so wird, auch wenn es sonst allenthalben trübe aussieht, zuverlässig schönes Wetter. Wenn aber der Jungferngrund voll Nebel ist, so sagt man: Die Jungfern trocknen ihre Wäsche! Dann folgt kalte und nasse Witterung.

Erzgebirgische Wetterregeln. *Schau in der Andreasnacht, was für ein Gesicht das Wetter macht: So wie es ausschaut, glaub's fürwahr, bringt es ein gutes oder schlechtes Jahr! * Silvester still und klar, deutet auf ein Segensjahr. * Wenn im Februar de Mückenschwärme, muß mer im März ne Ufen wärme. * Ist's an Lichtmeß hell und rein, wird ein langer Winter sein. Wenn es aber stürmt und schneit, ist der Frühling nicht mehr weit! * Lichtmeß trüb, ist dem Bauern lieb. * Nasser un kalter April – dos is, wie's dr Bauer will. * Hat's im April tüchtig gegossen, so wird im Mai das Unkraut sprossen. * Gewitter im Mai, brengt Obist un Hei. * Menschen und Juniwind, ändern sich geschwind. **

Der gespenstige Bergmann

In der Nähe von Rittersgrün befindet sich ein Felsen, in dessen Nähe ein Gespenst in Gestalt eines Bergmannes sein Unwesen treibt. Auf dem Kopf trägt das Gespenst ein brennendes Grubenlicht. Oft erschreckt es die Leute in der Nacht. Einige soll es schon in den Bach geworfen haben. Auch am Scheibenberg soll solch ein Gespenst hausen. Maurern, die dort Sand siebten, ist es plötzlich auf den Hals gekommen. Andere hat es hinter dem Berg an eine eiserne Tür geführt, angeblich zum Eingang einer Schatzkammer, die aber anschließend niemals wiedergefunden wurde. Im Jahre 1632 hatte Hans Schürf aus Krottendorf seine achtjährige Tochter im Wald verloren. Dreizehn Tage blieb das Kind verschwunden, bevor es von einer Köhlerin heimgebracht wurde. Gefragt, was es während der ganzen Zeit gegessen und getrunken hätte, sagte das Mädchen, ein kleines Männchen habe ihr jeden Tag eine Semmel und einen Becher Milch gebracht.

Eine Bäuerin badete in Wein

In den dreißiger Jahren des 16. Jahrhunderts wurde eine Bäuerin in Frohnau in kurzer Zeit sehr reich, wußte aber nicht im Glücke mäßig zu sein und trieb allerlei Unfug der Verschwendung. So badete sie zum Beispiel täglich in dem teuersten Weine, den sie auftreiben konnte, und um den Wein nicht wegschütten zu müssen, gab sie ihn, mit Semmelbrocken vermischt, den Armen als Kaltschale zu trinken. Jene wußten nicht, was die Bäuerin erst mit dem Wein gemacht hatte, aßen alles mit Lust und dankten der reichen Geberin viel tausend Mal für die köstliche Erquickung. Aber als sie die Badegeschichte erfuhren, da ekelten sie sich, warfen der übermütigen Bäuerin die Fenster ein und sagen Spottlieder auf sie, so daß sie sich nicht mehr öffentlich sehen lassen durfte. Übrigens muß sie auch noch andere recht unziemliche Dinge verübt haben, denn der Klerus war darüber so erzürnt, daß er Gott öffentlich bat, den Bergsegen zu vermindern.

Der Schmiedemönch von Thierfeld

Alte Leute in Thierfeld bei Hartenstein erzählen von einem Geist, dem sogenannten Schmiedemönch, der früher in der Schmiede des Ortes sein Wesen getrieben haben soll. Den Kindern ist er zu einem Schreckgespenst geworden, denn wenn sie nicht folgen wollen, so droht man ihnen mit dem Schmiedemönch, der jetzt neben der Schmiede unter den Wurzeln eines Strauches wohnen soll.

Der heulende Hund

An der Grenze der Dörfer Unterscheibe und Markersbach, unterhalb des sogenannten Vogteigutes, läßt sich in stürmischen Nächten ein schneeweißer Hund mit rotleuchtenden Augen sehen, dessen Klagegeheul schauerlich durch die Nacht tönt. Er tut jedoch niemandem etwas zu Leide. Es soll der Hund eines Schäfers sein, der seinem Herrn sehr treu ergeben war. Der Schäfer hat sich einst in jener Gegend erhängt, und der Hund soll nun seinen Herrn suchen.

Strafe für zänkische Weiber

Auf der rechten Seite, unweit der Haupttür des Rathauses in Lößnitz, befanden sich zwei steinerne halbe Zentnergewichte, die oben einen eisernen, sehr weiten Griff hatten und auf der einen Seite glatt, übrigens aber rund und an einem Ring aufgehangen waren. Auf dem einen Steingewicht sah man ein Frauenbild mit einem Bund Schlüssel, das sie über dem Kopf hielt, als ob sie damit werfen wollte, und der Umschrift: „Du lügst wie eine Hure." Auf dem anderen Gewicht war auch ein Frauenbild mit einem Waschbrett und den Worten zu sehen: „Du bist eine Hure." Die Sage war, daß in alten Zeien diese Gewichte von zänkischen Weibern, die sich geschlagen hatten, öffentlich herumgetragen werden mußten.

Ein Bäcker als Brandstifter

Im Jahre 1471 wohnte in Freiberg auf der Burggasse, dem Oberkloster gegenüber, der Bäcker Werner Kühn, ein gottloser

Bitte lesen Sie auf Seite 46 weiter

Erzgebirgische Sprüche • *Wenn Kirmes is, wenn Kirmes is, do schlacht mei Vater enn Bock, do tanz mei Mutter un schwanzelt mit'n Rock. * Rute, rute Eier raus, oder ich peitsch de Maadle aus. Wenn Se kaane Maadle habn, peitsch mer Ihne salberscht aus! * April! April! Do schickt mer'n Esel wuhi mer will! * Pfingstlümmel, Molkensook, hast geschlofen ne ganzen Tog. Hätt mer dich net aufgeweckt, wärscht de gar in Bett verreckt! * Der liebe Nikolaus is arm, hat ein Laibel Brot unterm Arm. Der heilige Christ ist reich, hat viel Fische im Teich. * Wenn de alt werscht wie e Kuh, larne mußt de immerzu! **

Freundliche Räuchermänner

Holzspielzeugmachermeister und Diplomdesigner (FH) Klaus Merten arbeitet seit 1985, anfangs allein, später zusammen mit anderen Familienangehörigen, in seiner Werkstatt. Im Mai des Jahres 2000 hat der Sohn, Matthias Merten, die Geschicke der Firma übernommen. Spezialisiert haben sie sich auf die Herstellung von Räuchermännern nach traditionellen Formen und Nußknacker aus Fichtenholz mit lasierter Oberfläche. Alte überlieferte Bearbeitungsmethoden und Formgebungen fortzusetzen, neu zu beleben und weiterzuentwickeln haben sich Vater und Sohn Merten zur Aufgabe gemacht. Als Motive für ihre Räuchermänner wählen sie freundliche Leute aus dem Volk, mit denen man „gern ein Pfeifchen raucht". Erkennungsmerkmal aller Merten-Räuchermänner ist deren Pfeife: weißer Pfeifenkopf mit aufgemalter Blume. Der Räucherling, eine Räucherfigur für das ganze Jahr, in der Formgebung abweichend vom traditionellen Räuchermann, zählt zu den Neuheiten aus der dieser Seiffener Werkstatt. (Foto S. 37)

Kunstvolle Pyramiden

Klaus Hübsch läßt sich bei seinen Werken von Schöpfungen früherer Seiffener Meister inspirieren. Seine Erzeugnisse zeichnen sich durch ausgewogene Gestaltung und detaillierte Bemalung aus. (Foto S. 33)

Erzgebirgische Krippen

Die Werkstatt von Theo Lorenz ist ein Betrieb mit Tradition. Krippenfiguren in verschiedenen Größen und Formen werden hergestellt. Die Besonderheit der erzgebirgischen Krippen sind schlichte, gedrechselte, wie Spielzeug wirkenden Figuren. Das Material wird farblos lackiert. So kommen die verschiedenen Holzarten, das Spiel der Färbungen und Maserungen des Holzes, gut zur Geltung. Zum Angebot von Theo Lorenz gehören verschiedene Krippen, Pyramiden, Spieldosen und Schwibbögen. Außerdem verlassen noch Rehgruppen, Pferdegespanne mit Feuerwehrspritzen und zahlreiche Sonderanfertigungen die Werkstatt. (Foto S. 33)

Erzgebirgische Reiterlein

Der kunstgewerbliche Betrieb von Herbert Helbig besteht bereits in der vierten Generation. Der Urgroßvater stellte Küchengeräte her, und 1918 wurde die heute noch bestehende Fabrik vom Großvater gebaut. Der Vater begann nach 1945 mit der Spielwarenproduktion. Seit 1970 werden kunstgewerbliche Reiterlein hergestellt. Diese typische Figur aus dem Erzgebirge verläßt in vielen Variationen die Werkstatt. Außerdem werden Schwibbögen und Leuchter angeboten. (Foto S. 33)

Seiffener Schwibbogen

In einem sehenswerten, zweihundert Jahre alten Erzgebirgshaus am Ortseingang von Seiffen arbeitet Handwerksmeister Johannes Ulbricht. Sein Urgroßvater Karl-Friedrich Ulbricht hatte bereits 1888 Holzspielwaren hergestellt. Großvater Sebald Ulbricht war von 1918 bis 1940 tätig, Vater Hans Ulbricht bis 1975. Nach der Übergabe des Betriebes hat er mit seiner Frau Johanne noch bis 1990 weitergearbeitet. Heute sind im Betrieb der Meister und fünf Mitarbeiter tätig. Es werden Original Seiffener Schwibbögen in verschiedenen Größen (auch mit elektrischen Kerzen), Engel und Bergmänner, Seiffener Reiterlein, Bergmannskapellen, Baumschmuck und vieles andere hergestellt. Eine Spezialität des kleinen Handwerksbetriebes ist seit vielen Jahrzehnten die Herstellung von Puppenschlitten aus Buchenholz. Meister Jörg Franke führt den Betrieb ab Januar 2001 in fünfter Generation weiter. (Foto S. 33)

Bewegliches Spielzeug

Wolfgang Werner, seit 1988 selbständiger Handwerksmeister, hat sich darauf spezialisiert, alte bewegliche Holzspielzeuge, die einst in Seiffen hergestellt wurden, in neuer Gestaltung zu fertigen. Hohe handwerkliche Qualität und dezente Farbigkeit zeichnen seine Arbeiten aus. Szenen aus dem dörflichen Leben schmücken zum Beispiel die kleinen Spieldosen, die mit einer Handkurbel in Bewegung gesetzt werden. Durch einen kleinen Schubs beginnen die Wackel-und Reiterfiguren,

Krippe aus der Werkstatt Lorenz (links), Spielzeug von Wolfgang Werner (rechts).

Bergparade von Johannes Ulbricht, Leuchter von Herbert Helbig (unten links), Pyramide von Klaus Hübsch (rechts).

die mit einer Kugel im Gleichgewicht gehalten werden, ihre lustigen Bewegungen.

Die Werkstatt Glöckner

Lasset uns am Alten, so es gut ist, halten – aber auf dem alten Grund Neues wirken jede Stund!

Mit diesen Worten entließ der Zeichenlehrer an der Staatlichen Spielwarenschule Seiffen Wolfgang Glöckner, den frischgebackenen Gesellen im Spielzeugmacherhandwerk, im Februar 1949 in die Praxis. Darauf ging der junge Mann in die Werkstatt der Familie Glöckner am Berg oberhalb der Seiffener Kirche zurück und lernte dort arbeiten und Erlerntes anzuwenden.

Begonnen hatte es bei Glöckners vor vielen Jahren mit großen geschnitzten Pferden. Deshalb wurde Urgroßvater Heinrich „Pferdeglöckner" genannt. Großvater Rudolf wurde zum „König an der Bandsäge". Obendrein war er ein musikbegeisterter Mann. Alle Glöckner mußten irgendein Musikinstrument erlernen und spielen. Arthur Glöckner führte nach dem Tode seines Vaters die Werkstatt in die Zeiten nach dem Zweiten Weltkrieg. Das damalige Sortiment wurde sehr stark beeinflußt von Materialmängeln und Reglementierungen. 1974 beantragte der inzwischen 43jährige Sohn Wolfgang die Gewerbegenehmigung und begann als vierter Glöckner mit der selbständigen Arbeit, obwohl der Sozialismus der damaligen Zeit alles andere als handwerkerfreundlich war.

Wolfgang Glöckner, der 1960 sein Meisterprüfungsdiplom erworben hatte, bemühte sich, die Empfehlungen seines Zeichenlehrers in die Tat umzusetzen. Ein erster Erfolg war der „Original Seiffener Schwibbogen", der sich zu Glöckners Markenzeichen entwickelte. Es war der erste in dieser Art gestaltete Schwibbogen mit einer Fächereinteilung. So konnten alte und neue Seiffener Figuren als plastische Gestaltungen – im Gegensatz zu den Scherenschnittgestaltungen der Schwarzenberger Ausführungen – sehr gut dargestellt werden. Der Bergmann, der noch in Seiffen bis 1846 Zinn förderte, steht als Mittler zwischen Alt und Neu. Ausgehend von der alten Seiffener Füll-

und Schachtelware wurde ein völlig neues Miniaturensortiment gestaltet.

Während in der Vergangenheit solche Miniaturen billiges, einfaches Spielzeug war, das teilweise in großen Mengen auf alle Märkte gebracht wurde, sind diese in einer Vielzahl von europäischen und auch überseeischen Hölzern gefertigten Kostbarkeiten zu „Spielzeugen für Erwachsene" geworden. Kreativität und Gestaltungsvielfalt brachte dem Handwerksmeister 1981 die Anerkennung als „Kunsthandwerker".

Beim Start in die Marktwirtschaft im Jahre 1990 hatte der 59 Jahre alte Meister Glöckner so eine gute Ausgangsposition. Neue Ideen, neue Figuren, Gespanne, Häuser ließen das Seiffener Miniaturen-Sammelsortiment „Dörfliches Leben" wachsen. Während es mit fünf verschiedenen Teilen begonnen hatte, beträgt das Sortiment zur Zeit 165 Elemente, die unterschiedlich kombiniert und zusammengestellt werden können. Die Vielzahl der Holzarten läßt das Erscheinungsbild bunt und lebendig wirken. Viele Kundenideen und Wünsche wurden in die gestalterische Arbeit aufgenommen, haben Kunden gewonnen und die Sammlerzahl sehr erhöht. Auch das zeigt eben die Liebe, das Können und die Einstellung zum Beruf, der nicht ausschließlich auf höchste Gewinne ausgerichtet ist.

Während alle Welt von Globalisierung spricht, steht in der Zwei-Personenwerkstatt Glöckner Individualität, Echtheit und Eigenleistung an erster Stelle. Das mögen die Kunden an dieser Werkstatt, das bringt Raum für immer neue Sonderfertigungen und Gestaltung von Einzelstücken. Die große Gestaltungsvielfalt und die damit verbundene Sortimentserweiterung erforderten neue Varianten, um die kleinen Kostbarkeiten unterzubringen und in ein richtiges Licht zu stellen. So entstand im Laufe der Zeit analog zum weihnachtlichen Schwibbogen ein Sortiment an kleinen und großen Dekorationsständern, die in ihrer Form an die bergbaulichen Stollenformen erinnern. Diese Teile, bestückt mit Szenen aus dem „Dörflichen Leben", erlauben es allen Liebhabern und Sammlern, ihre Stücke ganzjährig um sich zu haben. Wie könnte es anders sein,

auch diese verschiedenen Ständer können jederzeit nach Kundenwünschen mit den Miniaturen bestückt werden, weil ja durch ständig neue Figuren des Sortiments sich die Wünsche ebenfalls verändern.

Wolfgang Glöckner urteilt über seine Arbeit so: „Meine Liebe zum Holz, die natürliche Wärme des Rohstoffes als Objekt, seine Griffigkeit und die Vielfalt der Arten sind für mich ein Grund, die Darstellungen ohne viel Farbe zu wählen. Diese unverfälschte Anwendung des Werkstoffes Holz garantieren absolute Echtheit, weil der Einsatz von Kunststoffen ausgeschlossen ist!" Größere Erzeugnisse signiert der Meister mit Datum und Unterschrift, um die Herkunft zu dokumentieren. Seine Sammler-Kunden hoffen, daß dem Handwerksmeister Wolfgang Glöckner recht lange Gesundheit beschieden ist, damit noch viele Ideen verwirklicht und viele neue „Männeln" zum Leben erweckt werden können. (Fotos Seiten 34/35)

Lustige Wackelfiguren

In dritter Generation führt Karl-Heinz Bilz, Meister für Holzspielzeugherstellung seit 1990, den kleinen Familienbetrieb. Großvater Richard Bilz, der 1923 begann, Tierfamilien zu produzieren, war in Seiffen als „Tierfamilien Bilz" bekannt. Viele seiner Kreationen hat Enkel Karl-Heinz noch heute im Programm: verschiedene Gruppen von Gänsen, Hühnern und Schweinchen, Enten, Hasen und Kaninchen. Die hölzernen Tierminiaturen sind durchschnittlich nur fünf Zentimeter groß. Alle lustigen Wackelfiguren, verschiedene Motive, von Sohn Helmut entwickelt, messen im Durchschnitt acht Zentimeter. Besonders beliebt: das Sandmännchen und Pittiplatsch. Das Holz von Esche, Ahorn und Birke wird zur Herstellung der bunt bemalten Miniaturen verwandt. (Foto Seite 42)

Schöne Spieldosen

Drechslermeister Gunter Schalling übernahm 1988 die vom Großvater Otto Schalling 1918 gegründete Drechslerei. Mehr als dreißig Jahre lang hatte zuvor Kurt Schalling, der Obermeister des Drechsler- und Spielzeugmacherhandwerks war, das Familienunternehmen seit 1935 geführt. Inzwischen wird Meister Gunter Schalling bereits von Sohn Thomas, der 1999 zum Abschluß seiner Lehre im Holzspielzeugmacher-Handwerk als Bundessieger in diesem Berufszweig ausgezeichnet wurde, unterstützt. Thomas Schalling führt die Familientradition in vierter Generation weiter. In enger Zusammenarbeit mit anderen Handwerksbetrieben wird ein vielfältiges Sortiment von Spieldosen hergestellt. Außerdem: Krippenfiguren, Pyramiden und Schwibbögen. Alte Drechseltechniken werden gepflegt. (Foto Seite 37)

Gasthaus „Holzwurm"

Zu den am originellsten gestalteten neuen Gaststätten in Seiffen gehört der „Holzwurm", direkt gegenüber des Spielzeugmuseums gelegen. Im November 1994 eröffnet (27 Plätze) und Ostern 2000 auf 49 Plätze erweitert, ist dieses gemütliche erzgebirgische Gasthaus zugleich der Ort für eine sehenswerte Dauerausstellung der Arbeiten des bekannten Seiffener Kunsthandwerkers Wolfgang Glöckner (siehe auch Bildbericht auf der vorherigen Buchseite). Viele Gäste, die im „Holzwurm" speisen, erfreuen sich nicht nur an den Glöckner-Werken, Dekorständern, Schwibbögen oder Darstellungen des dörflichen Lebens, sondern haben nach dem Dessert auch den Wunsch, die Werkstatt des Künstlers persönlich aufzusuchen. Kein Problem. Meister Glöckner wohnt nur wenige Minuten vom „Holzwurm" entfernt, nahe der Kirche. Seine Werkstatt ist für Interessierte immer geöffnet. Mit dem „Holzwurm", bekannt für frisch zubereitete Speisen, gepflegte Getränke und freundlichen Service, hat die Inhaberfamilie Reichelt ein Beispiel für die Verbindung traditioneller Seiffener Gastlichkeit mit dem weltweit bekannten Handwerk geschaffen. (Foto Seite 37)

Tradition seit 1880

Oskar Ullrich gründete die Firma Paul Ullrich bereits im Jahre 1880. Bis zur Enteignung durch die DDR-Machthaber

Räuchermännchen von Klaus Merten (oben), Glöckner-Werke im „Holzwurm" (unten).

Gastlicher „Holzwurm" (oben), Spieldosen von Gunter Schalling (unten), Werkstatt Werner (rechts).

im Jahre 1972 war ein in dritter Generation geführtes Unternehmen mit 70 Beschäftigten entstanden. Der Neubeginn 1990 war für die jetzige Firmeninhaberin Monika Ullrich-Hilscher nicht leicht. Inzwischen können jedoch wieder ca. einhundert verschiedene Artikel angeboten werden: Zehn verschiedene Arten von Schwibbögen, dazu Spieldosen, Pyramiden, Räuchermännchen, Sternbogen, Spanbäumchen, Engel und Bergmann als größere Figuren und verschiedene kleinere Gruppen (Kurrenden, Engel, Bergleute, Osterhasen). Ein kleines Spielzeugsortiment wurde ebenfalls neu entwickelt. Im Ladengeschäft am Bahnhof Seiffen wird die gesamte Produktion übersichtlich vorgestellt. (Fotos Seite 42)

Geburtshaus des Nußknackers

„Am guten Alten in Treue halten, mit dem kräftigen Neuen sich regen und freuen", nach diesem Motto pflegt Volker Füchtner die Familientradition in sechster Generation. Füchtners Vorfahren waren Zimmerleute. Im Sommer arbeiteten sie auf dem Bau, im Winter waren sie meist arbeitslos. Mit dem Schnitzmesser und Drechseleisen schufen sie kleine Kunstwerke aus Holz und sorgten so für den Lebensunterhalt der vielköpfigen Familie. Gotthelf Friedrich Füchtner (1766 –1844) verkaufte handwerklich gefertigte Gegenstände bereits um 1800 auf dem Dresdener Striezelmarkt. Wilhelm Friedrich Füchtner (1844 – 1923) stellte die ersten Nußknacker aus Fichtenholz her. Er gilt als „Vater" des Seiffener Nußknackers. (Fotos Seite 39)

Das Seiffener Nußknackerhaus

Bereits aus der Zeit um 1700 gibt es urkundliche Erwähnungen von Mitgliedern der Familie Ulbricht, die, in Seiffen ansässig, den Drechslerberuf ausübten. Christian Ulbricht, Gründer der Firma „Holzkunst Christian Ulbricht", wurde 1933 geboren. Sein Vater, Otto Ulbricht, war bereits gelernter Drechsler und hatte sich 1928 mit einem Startkapital von zehn Mark selbständig gemacht. Nachdem die Firma Ulbricht zunächst in gemieteten Räumen gearbeitet hatte, baute Otto Ulbricht 1934 ein eigenes Fabrikgebäude

mit einem Wohnhaus. Zu diesem Zeitpunkt war er Obermeister der Drechslerinnung im Schwartenberggebiet. Auf der Weltausstellung in Paris 1937 wurde er für seine Entwürfe von Kinderzimmeruhren und für die Entwicklung der berühmten Kurrendesängergruppe mit einer Goldmedaille ausgezeichnet.

Krieg und Nachkriegszeit stoppten die positive Entwicklung. Ulbrichts Besitz wurde widerrechtlich enteignet, die auf dem Betrieb lastenden Schulden sollte die Familie jedoch an die DDR zurückzahlen. 1951 flohen die Ulbrichts wie viele andere nach Westdeutschland und fanden in Lauingen an der Donau eine neue Heimat. Im neugegründeten Betrieb in Lauingen wurden die typischen Erzeugnisse des Erzgebirges nach alter Tradition hergestellt. Inzwischen hat sich das Unternehmen zu einem Marktführer in der Branche entwickelt. Neben einem umfangreichen Sortiment an Nußknackern, Räuchermännchen, Spieldosen und Schmuck für Christbaum und Osterstrauch werden in Lauingen die größten Massivholz-Nußknacker der Welt gefertigt. Die Familie Ulbricht – Vater Christian, Mutter Inge, Tochter Ines und Sohn Gunther – legt gemeinsam mit ihren engagierten Mitarbeitern sowohl Wert auf höchste Qualität der Erzeugnisse wie auch auf ein eigenständiges, originelles Design.

Seit 1991 ist die Firma Ulbricht auch wieder am Gründungsort Seiffen präsent. Christian Ulbricht konnte das von seinem Vater errichtete Firmengebäude zurückkaufen und so der Familie erhalten. Der 1928 von Otto Ulbricht gegründete Betrieb firmiert jetzt als „Seiffener Nußknackerhaus". Dieser Name steht für Bodenständigkeit, Heimatverbundenheit und für den traditionellen Stil der dort hergestellten Erzeugnisse. (Fotos Seiten 40/41)

Historischer Bergaufzug

Walter Werner hat sich in seiner Werkstatt, die jetzt von seinem Sohn Siegfried geführt wird, immer mit historischen Vorbildern aus dem Erzgebirge beschäftigt. So sind alle seine Figuren entstanden, die inzwischen eine große Zahl von Sammlern und Liebhabern in aller Welt erfreuen. Nach gründlichen Archivstudien drechsel-

te Walter Werner 1985/86 etwa 260 kleine Figuren, die getreu bis ins Detail den berühmten historischen „Bergaufzug im Plauenschen Grund von 1719" dokumentieren. Die Bergleute in ihrer Festtracht, Hüttenmänner und Hofbeamte, sind jetzt in einer Dauerausstellung des Seiffener Spielzeugmuseums zu sehen. In der Werkstatt Werner werden heute Pyramiden und Krippen vieler Arten, geschmückt mit Figuren aus dem Bergmannsleben, hergestellt, dazu Nußknacker als Miniaturen, historische Parforcejagden und immer wieder Bergleute. (Fotos Seite 43)

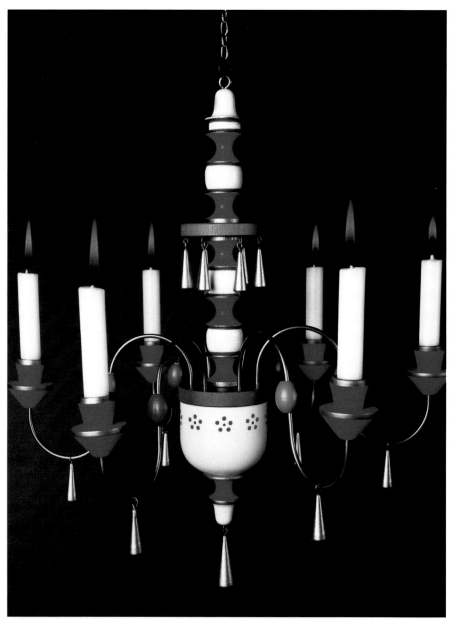

Die Seiffener Rundkirche fügt sich gut in das Ortsbild des Spielzeugdorfes ein. Alljährlich wird sie von tausenden Gästen aus aller Welt besucht. Die Kirche ist vor allem ein Zeugnis des christlichen Glaubens der Bergleute, denn sie wurde 1779 nach dem Abriß der alten Kapelle als Bergkirche geweiht. Über dem Eingang steht als Motto: „Zur Ehre Gottes und zum Heil der Menschen". Angeregt zu dieser Form der Seiffener Kirche wurde Graf Schönberg auf Schloß Purschenstein in Neuhausen durch die Dresdner Frauenkirche. Diese Kirche wurde nach den Plänen des Zimmermeisters Christian Reuther aus Kreischa – ein Schüler George Bährs – errichtet. In der Seiffener Kirche fällt auf, daß die Kanzel direkt über dem Altar als Ausdruck der Zusammengehörigkeit von Wort und Sakrament gebaut ist. Zuerst stand dieser Kanzelaltar frei. Erst als die Seiffener Gemeinde 1833 selbständig wurde und einen eigenen Pfarrer hatte, sind

die Kapellenstübchen und die oberen Emporen zu beiden Seiten des Altars eingebracht worden. Seit dieser Zeit hat die Kirche 550 Sitzplätze. Auf dem Altartisch stehen zwei große aus Seiffener Zinn gegossene Leuchter aus dem Jahre 1789 und ein Kruzifix aus Zinn, datiert 1754. In zwei Feldern der ersten Empore sieht man links vom Altar – mit zwei Schildknappen – das Wappen des damaligen Bergamtes Seiffen, rechts – mit dem zweifarbigen Löwen – das Wappen des damaligen Kirchenpatrons von Schönberg auf Schloß Purschenstein. Dem Kanzelaltar gegenüber befindet sich die Orgel. Sie ist ein zweimanualiges, mechanisches Schleifladenwerk der Gebrüder Poppe aus Rhoda in Thüringen aus dem Jahre 1873. Eine kleine Besonderheit ist der Zimbelstern, der vor allem in der Weihnachtszeit erklingt. In der Advents- und Weihnachtszeit wird die Lichterkirche von außen angestrahlt und innen mit Kerzen beleuchtet. Kantor Gotthold Wagner und Pfarrer Ekkehard Gläser.

Fortsetzung von Seite 30

Mann, der an Fluchen und Lästern sein Vergnügen fand. Er brachte seine Mitbürger in großes Unglück. Als er eines Morgens (am 24. Juli) seinen Backofen heizte, wollte das feuchte Holz nicht sofort brennen, so daß der gottlose Mann wütend darüber wurde und rief: „Ha, du verfluchtes Feuer, so brenne doch in aller Teufels Namen!" Das war ein heilloser Fluch und Gott ließ ihn in Erfüllung gehen. Das Feuer schlug alsbald zum Ofen heraus und in wenigen Augenblicken stand das ganze Haus in Flammen. Nach drei Stunden lag Freiberg in Trümmern und Asche. Nur die alte Frauenkirche, die meißnische Gasse und die halbe Sächsstadt blieben stehen.

Der Teufel als Jungfrau

Im Jahre 1260 hatte sich in Freiberg ein Schüler (einige meinen, daß es ein Priester gewesen sei) in eine Jungfrau verliebt, und um sie zu gewinnen, hat er Rat und Hilfe bei einem Schwarzkünstler gesucht. Der führte ihn in einen Raum, stellte ihn in einen Kreis und begann seine gewöhnlichen Beschwörungen. Der Teufel ließ sich nicht lange bitten und erschien plötzlich in der Gestalt der begehrten Jungfrau. Da stand der Jüngling auf und bot ihr aus dem Kreise die Hand. Doch zu seinem höchsten Unglück und Verderben riß ihn der Teufel zu sich und warf ihn gegen die Wand, so daß er auf der Stelle tot war. Aber auch der Schwarzkünstler erhielt seine Strafe. Der Teufel nahm den zerschmetterten Körper des Schülers und warf damit mit solcher Gewalt nach ihm, daß er daran „versterret die ganze Nacht winselnd gelegen und auch früh noch also gefunden wurde".

Bauerhasen für die Fastenzeit

Markgraf Friedrich der Freudige hielt sich gern in seiner Bergstadt Freiberg und in der Mitte ihrer getreuen Bürger auf. Im Jahre 1292 gab er dort ein großes Gastmahl, zu dem viele weltliche und geistliche Herren eingeladen waren. Unter ihnen befand sich auch der Abt Bruno aus dem Barfüßerkloster, der oft gegen Unmäßigkeit predigte und behauptete, je mehr ein Mensch fastete, umso eher komme er ins Himmelreich. Er selbst hielt doch viel auf Essen und Trinken und trug deshalb einen gewaltigen Schmerbauch vor sich her. Auch bei diesem Festmahl hatte er schon weidlich gezecht, als nach Mitternacht der Hofkoch Bauer einen duftenden Hasenbraten auf die fürstliche Tafel setzte. Schon wollte der Markgraf ein Stück davon auf den Teller legen, da rief der Abt ihm zu: „Durchlaucht halten zu Gnaden, es ist soeben ein Fastentag angebrochen, und Ihr wollt Euch doch nicht versündigen?" „Wäre denn wirklich die Sünde so groß, wenn wir zum Schluß noch ein Stück Hasenbraten zu uns nehmen?" fragte der Markgraf, und der Abt erwiderte: „Gewiß. Ich kenne auf Gottes weitem Erdboden keine größere Sünde. Auch habe ich mehr als einmal bemerkt, daß es Frevlern, die sogar am Feiertage Fleisch essen, sehr übel aus dem Halse riecht. Nehmt Euch ein Beispiel an mir. Schon seit einer halben Stunde habe ich keinen Bissen mehr gegessen." Alle sahen den geistlichen, wohlgenährten Herrn betroffen an, schwiegen jedoch, und der Koch mußte den schönen Braten wieder abtragen. Obwohl er ihn später selbst ohne Gewissensbisse verzehrte, so ärgerte er sich doch nicht wenig über den gestrengen Sittenprediger, den eine Stunde später sechs Diener in seinen Wagen tragen mußten.

Bei einem späteren Gastmahl auf der Burg Freistein traf es sich nun, daß abermals ein Fastentag folgte, und jetzt brachte nach Mitternacht der lustige Koch Bauer wieder einen Hasenbraten auf die Tafel. Da konnte sich nun der Abt nicht enthalten, dem sündhaften Koch eine derbe Strafpredigt darüber zu halten, daß er den Fastentag nicht heilige und einen gottlosen Braten auf die Tafel setze. Der Koch aber sprach behaglich lächelnd: „Nun, das ist ein Hase, den jeder gute Christ am Fastentage essen darf, ohne sich der Sünde zu fürchten!" Während dieser Verteidigung hatte der Markgraf schon den Hasen angeschnitten und zu seinem Vergnügen bemerkt, daß der scheinbar wohlgespickte Hase nur ein mit Mandeln ausgestattetes Gebäck in der bekannten Form des Bratens war. Da wollte der Strafprediger selbst nach dem Gerichte langen. Er

Bitte lesen Sie auf Seite 52 weiter

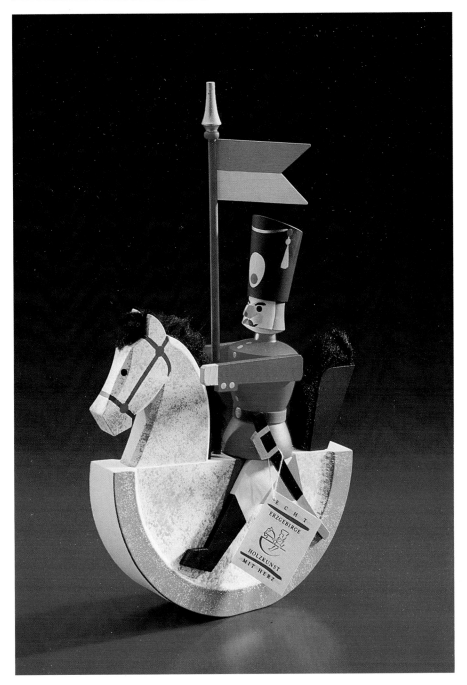

Das Spielzeugmuseum *zeigt heute in drei Etagen (ca. 850 m² Ausstellungsfläche) alle wichtigen Erzeugnisse, die seit etwa 300 Jahren die Seiffener Produktion bestimmten und bekanntermaßen zu begehrten Sammelobjekten geworden sind. Alljährlich findet im Dezember in Ergänzung der Dauerausstellung die traditionelle Weihnachtssonderschau statt, die von mehreren zehntausend Gästen besucht wird. Darüber hinaus versteht sich das Museum als ein Zentrum der Dokumentation und der Erforschung der hiesigen Spielwarenfertigung. Eine kleine Spezialbibliothek sowie Archive für historische Text- und Bilddokumente stehen der Bildung und fachlichen Arbeit offen. Die Ergebnisse der volkskundlichen und historischen Forschung werden in einer Schriftenreihe publiziert.* **Dr. Konrad Auerbach**

Augenmaß und Erfahrung • *Eine besondere Form der Drechseltechnik, einmalig in der Welt, nur von den Kunsthandwerkern im Spielzeugwinkel Seiffen praktiziert, ist die Reifendreherei. Wie sie entstanden ist und sich entwickelt hat, haben Forscher noch nicht einwandfrei ermitteln können. Wahrscheinlich ist die seit mehr als hundert Jahren praktizierte, viel Erfahrung und Fingerspitzengefühl erfordernde Reifendreherei das vorläufige Endstadium eines langen technischen Entwicklungsprozesses. Während der Holzdrechsler seine Drehbank mit Muskelkraft bedienen kann, läßt sich die wuchtige Reifendrehbank nur mittels Wasserkraft oder Elektroenergie betreiben. Der Reifendreher verwendet weiches, gut spaltbares Holz im nassen Zustand. Ausgetrocknetes Holz läßt sich schwerer bearbeiten. 20 bis 30 verschiedene „Drehstähle“ benötigt der Reifendreher. Mit einer einfachen Lehre, einem Brettchen mit drei Einschnitten, mißt der Fachmann*

während des komplizierten Drehvorgangs die Rückenhöhe, den Abstand von den Vorder- zu den Hinterbeinen, oder die Vorderbeinlänge der Tiere, die er gerade dreht. Augenmaß und Erfahrung bestimmen aber vor allem den Erfolg. Ein 15 bis 40 cm breites Stück eines Fichtenstammes bildet das Grundmaterial für den Drehprozeß. Dieses runde Holzstück wird an der Drehbank befestigt und mit der Schrubbröhre rundgedreht. Mittels verschiedener Dreheisen wird zunächst die Unterseite der Tiere (Kopf, Bauch, Beine, Hals) ins Holz eingearbeitet. Dieser Reifen wird nach einer Weile mit dem Flachmeißel abgetrennt. Erst nach minutenlanger Arbeit und dem Abspalten des Holzrings kann der Meister feststellen, ob seine Arbeit erfolgreich war. Schon kleine Unachtsamkeiten bei dem Drehvorgang, oder die Wahl eines falschen Dreheisens kann die Proportionen des Tieres völlig verändern und aus dem erwünschten Dutzend kleiner Holzkunstwerke

Brennholz machen. War der Drehvorgang jedoch erfolgreich, dann sind je Reifen etwa 60 Tiere auf einmal entstanden. Die Holzrohlinge müssen weiterverarbeitet werden. Von flinken Händen bemalt oder lackiert, bevölkern sie später vielleicht eine Arche Noah, einen Schwibbogen oder eine Pyramide.

Es ist schon viel gerätselt worden, wer wohl zum ersten Mal auf die Idee gekommen sei, Holzreifen zu drechseln, die nach dem Aufspalten im Profil eine Kuh, ein Pferd oder ein anderes Tier darstellen. In der vierten Ausgabe des Bestelmeier-Magazins, einem eigentlichen Spielwarenkatalog, wurde 1803 unter der Nummer 515 ein Lustschloß zum Kauf angeboten, dessen zehn Häuser „in einem halben Zirkel gestellt werden" und die auch der Zeichnung nach aus der Werk-

statt einen Reifendrehers stammen dürften. Diese Vermutung wird durch einen Brief vom 14. November 1810 erhärtet. Damals beschrieb der Rat der Stadt Dresden die Art und Herstellungsweise der Seiffener Spielwaren wie folgt: „Das Prinzipale dieser einzelnen Waarenartikel ist folglich immer ein auf der Drehbank oder mittels der Drehmaschine gefertigter Körper und nur einzelne Accessoria sind als aus freyer Hand gearbeitete Theile anzusehen. Selbst die zu den sogenannten Städten gehörigen Häusser werden auf der Drehmaschine in großen Reifen ausgedrehet und dann blos zerschnitten."

Aus: „Seiffener Kostbarkeiten", Christoph Grauwiller, 1984.

erhob sich, verlor aber bei seinem schweren Kopfe das Gleichgewicht und riß dabei alles mit sich von der Tafel herab. Er konnte sich selbst auch nicht wieder aus dem Wirrsal erheben, so daß auf Befehl des Markgrafen die Diener hilfreich Hand anlegen mußten. Das Gebäck erhielt nun den Namen „Bauerhasen". Alle adligen Herren wollten in der Fastenzeit solche Bauerhasen essen, die auch in den Klöstern nicht verschmäht wurden. Doch wollte man behaupten, auf manchen vornehmen Tafeln habe man aus Versehen auch an Fastentagen ganz ordentliche Krauthasen statt der Bauerhasen aufgetragen. Anfangs nannte man das neue Gebäck auch „Brunohasen", doch der Abt protestierte lebhaft gegen diese Bezeichnung und so erhielt es seinen noch jetzt gebräuchlichen Namen zu Ehren seines Erfinders. Die Bauerhasen aus Freiberg fanden gute Aufnahme an allen deutschen Höfen, wurden sogar kistenweise in fremde Länder gesendet, und auch noch in unseren Tagen verläßt selten ein Fremder die Stadt Freiberg, ohne den Seinen einen Bauerhasen mitzubringen.

Ein gejagter Ritter

Als die Hussiten im Sommer 1427 über Olbernhau und Sayda durch das Gebirge hinunter nach Oederan zogen, verfolgten sie Ottomar von Schönberg, der den Hussiten aus der Gefangenschaft entwichen war und nun in seinem Schloß Reinsberg wohnte. Täglich wurde dieses Schloß drei Wochen lang von den Hussiten gestürmt. Da rettete den geängstigten Schönberg sein Knappe durch einen unterirdischen Gang, der sich in einem Busch vor dem Schlosse öffnete. Diese Stelle soll noch heute mit einem Denkstein, auf dem ein Kreuz eingehauen ist, bezeichnet sein. Ein bereitgehaltenes Roß trug den Ritter in der dunklen Nacht durch den Forst auf die nahe Straße nach Freiberg. Hier setzten ihm die wachsamen Hussiten nach, und hart vor Freiberg hatten sie den fast zu Tode Gehetzten beinahe eingeholt. Der Turmwächter auf dem Meißner Tor gewahrte in der Morgendämmerung diese Menschenjagd. Er öffnete dem nahenden Ritter, der ihm sein weißes Tuch entgegenschwang, einen Torflügel, den er vor

den heransprengenden Hussiten schnell wieder zuschlug. Innerhalb des Tores aber verließen den Ritter die Kräfte. Auf der Meißner Gasse stürzte er mit dem Pferd und wurde tot in das nächste Haus getragen. Auch diese Stelle wurde mit einem Stein, den man später an die Stadtmauer gelehnt hat, bezeichnet.

Die Mordgrube

Als um die Mitte des 14. Jahrhunderts der Bergbau in Freiberg besonders florierte, trafen sich die Knappen mit ihren Frauen an Feiertagen regelmäßig nahe der Zechenhäuser, um ausgelassen zu tanzen und zu trinken. Im Jahre 1360 soll es sich zugetragen haben, daß nahe der Grube zwischen Berthelsdorf und Erbisdorf ein Reihentanz veranstaltet wurde, bei dem es besonders hoch herging. Während des Festes zog ein Priester mit der Monstranz vorüber, um einem Sterbenden die Sakramente zu erteilen. Der Küster gab das übliche Zeichen mit der Glocke, aber niemand von den Tanzenden oder Zuschauern achtete darauf. Nur der Fiedler, der zum Tanz aufspielte, fiel auf die Knie, um seine Ehrfurcht zu bezeugen. Da tat sich plötzlich mit einem lauten Donnerschlag die Erde auf und verschlang alle Menschen – mit Ausnahme des frommen Fiedlers. Jener überlebte auf einem Hügel, von dem er bald gerettet wurde. Von den Tänzern hat niemand wieder etwas gesehen. Auch als man nach den Verschütteten grub, half das nichts. Die Erde rutschte immer wieder nach. Die Zeche erhielt den Namen „Mordgrube", denn an jenem schaurigen Ort blieb auch später kein Stein auf dem anderen. In der Kirche von Erbisdorf war die Begebenheit einst auf einem Wandgemälde zu sehen, und noch im Jahre 1490 hat man an der Stelle des Ereignisses ein gewaltiges rundes Loch, so groß wie der Marktplatz von Freiberg, sehen können.

Die Tulpenkanzel des Herrn Witten

Die um 1510 von Hans Witten für den Freiberger Dom geschaffene Tulpenkanzel verdankt ihre Gestalt einer alten Volkssage. Ein Freiberger Bergmann träumte,

daß ihm ein Engel einen Baum zeige, der Schätze verberge. Der Bergmann suchte in den Zweigen nach silbernen Früchten, doch der Engel bedeutete ihm, in der Erde bei den Wurzeln zu graben. Mit Hilfe seines Schutzpatrons, des Propheten Daniel, gelang dem Bergmann die Entdeckung des Schatzes. Die reichen Silbervorkommen von Freiberg wurden so gefunden. Am Fuße der Kanzel hat Hans Witten den Propheten in Bergmannskleidung mit zwei Löwen dargestellt. Von zwei kleinen Hunden begleitet, sitzt der Bergmann auf einem Baumstamm und stützt mit seinem Rücken die Treppe der Kanzel. Nur die Figuren am Kanzelkorb, die Heiligen Ambrosius, Augustinus, Gregorius und Hieronymus, wollen nicht zur Sage passen.

Der Trompeterfelsen bei Seifersdorf

Zwischen Hainsberg und Dippoldiswalde befindet sich auf dem jenseitigen Weißeritzufer der Trompeterfelsen, an dem sich eine Art Harrassage knüpft. Ein sächsischer Trompeter wurde von Oelsa her von Feinden hart verfolgt und stand plötzlich auf einer Waldlichtung vor dem Abgrund. Den Tod vor und hinter sich sehend, sprengte er über den Abhang in die Weißeritz. Sein Pferd zerschellte, er aber kam mit dem Leben davon, stieg auf die dem Felsen gegenüberliegende Höhe und blies dort ein „Nun danket alle Gott". Die Verfolger sandten ihm Schüsse nach und eine Kugel streckte ihn nieder.

Hauptmann Geckos Ende

Das Schloß Lauenstein hatte wie andere Burgen einen markgräflichen Hauptmann. Einer dieser Hauptleute, Gecko oder Jecko, war wegen seiner räuberischen Streifzüge, die er zuweilen bis an die Elbe ausdehnte, besonders gefürchtet. Bei einem seiner Raubzüge bekam er die Gemahlin des Burggrafen Otto von Dohna und deren Tochter Edda in seine Gewalt. Er ließ beide, da Otto das Lösegeld nicht aufbringen konnte, in der Gefangenschaft schmachten. Erst, nachdem Otto die Burg Lauenstein hart bedrängte, erhielten sie ihre Freiheit wieder. Aber Ottos Gemahlin genoß die Freude des Wiedersehens nur

für Augenblicke, denn als ihr Gemahl herbeieilte, um sie zu empfangen, starb sie in seinen Armen. Der Hauptmann Gecko aber fand später ein eilendes Ende, das man für ein hartes Strafgericht Gottes halten mußte. Als Geckos kleiner Sohn am Rande des Zwinggrabens spielte, stürzte er, nach Blumen langend, hinab. Gecko eilte herbei, um einem Sohn zu helfen, glitt aber aus, stürzte. Er blieb an einem Pfahle hängen, der ihn in der Hüfte, zwischen Wams und Brustschild, durch den Leib aufspießte.

Die weiße Frau am Brautstock

Der Sage von der weißen Frau am Brautstock liegt eine wirkliche Begebenheit zugrunde. Auf einer kleinen sumpfigen Waldwiese südlich von Peterswalde fand zu Anfang des vorigen Jahrhunderts ein Duell auf Kugeln statt, bei dem der Garde-Capitän von Siemenski tödlich verwundet wurde. Seine Braut war in einem Wagen mit einem Arzte gefolgt und als jener äußerte, der Verwundete könne vielleicht gerettet werden, wenn es gelänge, die Kugel durch einen Sachverständigen zu entfernen, wurde der Garde-Capitän in dem Wagen auf einer vierstündigen Fahrt über Schönwalde und Voitsdorf bis nahe vor Altenberg gebracht. Hier aber, auf der steinigen Landstraße, fühlte der Verwundete sein Ende herannahen und begehrte, daß ihn ein Geistlicher mit seiner Braut trauen sollte, um sie in den ungeschmälerten Besitz seiner Güter zu setzen und ihre Ehre vor der Welt zu retten. Eilig wurde aus Altenberg der Pastor Johann Georg Bretschneider geholt und dieser vollzog unter freiem Himmel die Trauung. Darauf starb von Siemenski. Seine angetraute Gattin starb bei der Geburt eines Knaben, der von einem Herrn von Nositz erzogen wurde und später das Erbe seines im Duell getöteten Vaters antrat. Forstleute haben später durch den „Brautstock" die Stelle bezeichnet.

Der Schatz in der Ruine Rechenberg

In Rechenberg südlich von Frauenstein sieht man nahe der Kirche auf einem Felsen die Ruinen eines Schlosses, das vielleicht zur Bewachung der alten Zollstraße

Bitte lesen Sie auf Seite 58 weiter

Stübchen von Gunter Flath (oben), Bergparade von Walter Werner (unten)

Räuchermännchen aus der Werkstatt Füchtner (oben links), Bergknappen von Walter Werner (darunter), Reitergruppe auf Pferdchen und

Fortsetzung von Seite 54

nach Böhmen erbaut wurde und das der Sage nach durch einen unterirdischen Gang mit dem Schloß Frauenstein in Verbindung stand. In der Nähe des Schlosses zeigt man noch die Überreste von Wällen, und als man am Fuße desselben die Schule baute, traf man auf alte Gänge, welche anzusehen viele Leute weit her kamen, doch konnte man nicht tief in die Gänge eindringen. In manchen Nächten will man oben in der Ruine ein Licht gesehen haben. Erzählt wird, daß in den Gewölben große Schätze in einer Braupfanne liegen. Wer dieselben heben will, muß seine eigene Tochter zum Opfer bringen. Sie muß aber weißhaarig sein. Doch hat einmal ein Mann ohne solches Opfer einen Teil des Schatzes gehoben. Als nämlich einst ein Bierknecht des früheren Rittergutes vom Berge herab fuhr, sah er von ferne auf der Ruine ein Licht. Er ging hinauf und sah an dem Licht dreihundert Thaler liegen, die er einsteckte und mitnahm. Nach vier Wochen war er jedoch tot.

Aus: Erzgebirgszeitung um 1880.

Das Schrackagerl

Das Schrackagerl ist im Erzgebirge ein Hausgeist. Er sitzt im Stall auf der Raufe und sieht aus wie ein kleines Kind. Wo der Geist ist, gedeiht alles, das Vieh, das Geflügel. Nur darf man nicht fluchen, sonst verwirrt er den Pferden die Mähnen, bindet die Kühe los und treibt sie durcheinander. Das Schrackagerl hilft den Mägden arbeiten, so daß im Hause alles rein ist. Nur muß die Magd von ihrem Essen immer einen Teil aufheben und hinlegen. In Heinrichsgrün heißt das Schrackagerl auch Strackagerl. Es verwirrt den Kindern die Haare. Wenn die Kinder des Morgens mit verwirrten und verfilzten Haaren aufstehen, sagt man: Da ist auch das Strackagerl drüber gewesen.

Aus: Grohmann, Aberglauben und Gebräuche.

Zauberpulver für die Glocke

Als auf dem Turm der Marienkirche von Zwickau die große Glocke am 12. Juli 1512 sprang, weil man sie von 8 Uhr abends bis früh um 4 Uhr nach damaliger Gewohnheit wegen eines schrecklichen Gewitters geläutet hatte, fragte der Glockengießer,

der die Glocke umgießen sollte, die dabei stehenden Ratsherren, was für einen Ton er der Glocke geben solle. Sie verlangten, er solle ihr das C geben. Daraufhin hat er ein Pulver von Kräutern zugerichtet und in das Metall geworfen. Davon hat die Glocke den Ton bekommen.

Das Geschlecht von Lüttichau

Das Wappen der Herren von Lüttichau sind zwei Sicheln und drei schwarze Federn. Die Sage erzählt hierüber folgendes: Es soll einst ein deutscher Kaiser in den Niederlanden gegen die Franzosen im Felde gestanden haben und in der Nähe von Lüttich mit dem feindlichen Heere zusammengestoßen sein. Anfangs war dieses im Vorteil, doch ein adliger Junker aus Meißen, der bei der böhmischen Reiterei des Kaisers diente und sich durch drei schwarze Federn auf seinem Helm auszeichnete, deshalb auch den Namen „der schwarze Hahn" erhalten hatte, hat sich mit seinen Leuten so wütend in die Reihen der Gegner gestürzt, daß er sie sprengte und die Kaiserlichen die Schlacht gewannen. Da hat ihm der Kaiser aus Dankbarkeit den Namen Lüttichau, weil er in Lüttichs Auen den Sieg gewonnen hatte, und als Wappen zwei Sicheln, weil er die Feinde wie Korn abgemäht, verliehen. Die Herren von Lüttichau werden seit mehr als 200 Jahren als Besitzer der bei Dippoldiswalde gelegenen Rittergüter Ober- und Nieder-Ulbersdorf sowie der Stadt Bärenstein und der Dörfer Hammerbärenklau, Groß- und Kleinhörnchen und Walthersdorf angeführt.

Gespenstergeschichten

Im Jahre 1632 ließ der Stadtschreiber von Scheibenberg, Theophilus Groschupf, an der Erbisleite seinen Acker umpflügen. Als zur Mittagszeit einer der Helfer, Georg Feuereisen, zum Brunnen hinunter ging, um Wasser zu holen, sah er dort einen unbekannten, häßlichen Mann liegen. Jener sprang ihm auf den Rücken und drückte ihn grün und blau, so daß er acht Wochen krank war. * Im Herbst des Jahres 1654 kam der Kirchenvater von Stützengrün aus dem Walde. Er war schwermütig

...ade typischer Seiffener Figuren (oben), „Weihnachtsberg" in Seiffen (unten)

und klagte, ein Gespenst habe ihn erschreckt. Als er bald darauf wieder in den Wald ging, hörte er eine Stimme, die rief: „Erwürge dich, oder ich tue es! Greif lieber selbst zu!" Da zog der erschrockene Mann sein Messer heraus und schnitt sich in den Bauch, daß die Gedärme in den Schnee fielen. Als er vor Schmerzen laut schrie, fanden ihn die Köhler in seinem Blute liegend und brachten ihn noch lebend nach Hause. Dort beichtete er, nahm das Abendmahl und ist bald darauf gestorben. * Zwischen Geiersdorf und Königswalde, am linken Ufer der Pöhla, liegt die Reicheltswiese. Der sumpfige Untergrund ist sehr weich. Dort soll ein Fuhrmann, der Salz geladen hatte, mit Pferd und Wagen versunken sein. Abends um neun Uhr erscheint der Fuhrmann immer wieder. Er knallt mit seiner Peitsche und ruft dabei laut: „Hüoh!" * In einem Raum des ehemaligen Benediktinerklosters von Chemnitz stand ein Christusbild mit schiefem Munde. Als die Hussiten in das Kloster einfielen und alles verwüsteten, soll einer der Männer das Bild verspottet haben. Von Stund an hatte er ein offenstehendes Maul und ist stumm geworden. * An manchen Tagen, wenn der Mond nachts scheint, steigt um Mitternacht ein Mönch aus dem Keller des alten Rittergutes Alberode. Weil er eine große Laterne trägt, wird er von den Leuten der „Laternenmann" genannt. Der Mönch geht langsam zum Klosterholz und verschwindet in einem Keller des Rittergutes Klösterlein. Er spricht nicht und tut niemand ein Leid an.

Einsam in den Wäldern

Daß der Name des Dorfes Einsiedel bei Chemnitz mit dem Einsiedelschen Geschlecht, das den Ort Jahrhunderte hindurch besaß, in einer gewissen Verbindung stehe, ist sehr wahrscheinlich, wenn auch die Ableitung des Geschlechtsnamens von dem Ort nicht festgestellt ist. Außerdem gibt es noch einen Ort gleichen Namens zwischen Olbernhau und Katharinenberg. Eine Sage erzählt, daß dieses Dorf seinen Namen von drei Einsiedlern erhalten habe. Die Grafen und Herren von Einsiedel führen einen Einsiedler im Wappen. Das kommt davon: Graf Bert-

hold von Sulzaus Gemahlin war kinderlos und bat Gott in heißen Gebeten um ein Kind. Sie tat auch das Gelübde, das Kind, das er ihr schenken würde, dem Herrn zu weihen. Als sie einen Sohn gebahr, nannte sie ihn Grubo. Er wurde Geistlicher und wohnte lange als Einsiedler in einer einsamen Gegend Böhmens, wo er sich eine Kapelle gebaut hatte. Nachher aber verließ er seine Zelle, zog in den Krieg, nahm ein Weib und wurde der Stammvater derer von Einsiedel. Das geschah 1280. Nach einer anderen Sage hieß der Sohn Meginrad (Meinrad, Meinhard). Er lebte als Einsiedler um das Jahr 850 in den böhmischen Wäldern, aber er hatte ein Weib und gründete ein großes Geschlecht. Einer seiner Nachkommen, der im Jahr 1280 lebte und Grubo hieß, gab endlich die Einsiedelei auf.

Die fleißigen Zwerge

In Schmiedeberg wohnten Zwerge. Sie erreichten nur die Größe eines zwei- bis dreijährigen Kindes und trugen einen spitzen Hut, rot wie ihre Haare, außerdem lange Stiefel. Sie hielten sich in Ställen, Scheuern, Kellern und Stuben auf, waren nicht menschenscheu, kamen im Gegenteil oft freiwillig unter dem Herd hervor und boten ihre Dienste an. Nachts um die zwölfte Stunde versammelten sich alle, gingen dabei durch verschlossene Türen und begannen nun emsig das aufzuarbeiten und zu vollenden, was die Menschen unvollendet gelassen hatten. Im Nu war ihre Arbeit getan, dann ging es ans Tanzen. Punkt ein Uhr verschwanden sie wieder. Neckereien konnten sie nicht vertragen. Sie zogen dann fort. Man vertrieb sie übrigens auch, wenn man Lauch in die Milch tat und ihnen diese vorsetzte. Von den Bewohnern Schmiedebergs wurden diese Zwerge nur „Holzweibchen" genannt. Seit jeher hatten sie im Hause Nr. 72 ihren ständigen Aufenthalt und brachten durch nächtlichen Fleiß Glück und Segen in die Wirtschaft. Endlich aber schien es ihnen hier nicht mehr zu gefallen, denn sie sagten: „Hier ist nimmer gut wohnen, sie (die Hausfrau) zählt die Knödeln im Topf und im Backofen das Brot." So zogen denn die Zwerge fort, weit fort, über die Eger bei Eubach, wo sie den

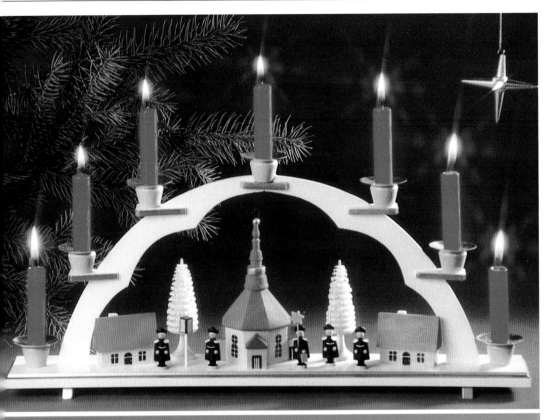

Schwibbogen mit Kurrende (Kempe), Dekorständer (Glöckner)

Fährmann, um ihn zu entlohnen, gefragt haben sollen, was ihm lieber wäre – ein roter Heller oder ein Sturmhut voll Goldstücke. Der Fährmann wählte natürlich das letztere. Die Leutchen sagten ihm, er habe schlecht gewählt und werde schließlich noch weniger besitzen.

Der Gevatter von Greifenstein

In Geyer lebte einst ein armer Häuer namens Hans Geißler. Er hatte viele Kinder zu ernähren, und seine Frau war wieder einmal schwanger. Am Silvesterabend sollte das Kind geboren werden. Der Vater war trotz des bevorstehenden freudigen Ereignisses niedergeschlagen und traurig. Er konnte seiner Familie weder eine warme Stube, noch etwas zu essen bieten. Sorgenbeladen verließ er die Hütte, stapfte durch den tiefen Schnee in der dunklen Winternacht, um im Nachbardorf eine Hebamme zu bitten, seiner Frau bei der Geburt des Kindes beizustehen. Im Wald bei den Greifensteinen verirrte sich Hans Geißler. Da erschien der Berggeist. Freundlich sagte er: „Eile nach Hause, glücklicher Bergmann! Gott hat dein Weib mit drei Knäblein gesegnet! Wenn du möchtest, will ich dein Pate sein!"Hans Geißler antwortet: „In Gottes Namen sollst du der Pate sein. Aber wie teile ich dir die Stunde der Taufe mit?" Da lächelte der Berggeist nur und versprach, zur rechten Zeit zur rechten Stelle zu sein. Mit diesen Worten verschwand er im Wald. Tags darauf zur Taufe war der Geheimnisvolle tatsächlich gekommen. Er hatte Bergmannskleidung angelegt und betete in tiefer Andacht. Nach der Taufe schenkte er dem Vater einen Schlägel aus Eisen und sagte: „Lieber Mann, überall, wo du mit diesem Werkzeug arbeiten wirst, findest du reiche Ausbeute. Danke dann immer Gott und dem Paten deiner Kinder."Der seltsame Gast ging fort und wurde nie wieder gesehen. Aber Hans Geißler aus Geyer ist ein reicher Mann geworden, der die „Siebenhöfe"erbauen ließ.

Kindermörder Gottlieb Meyer

Der Maurergeselle Gottlieb Meyer war ein verkommener Mensch, zänkisch und stets betrunken. Einst ging seine Frau nach Hor-

mersdorf, um dort Butter zu holen. Da sagte der daheimgebliebene Vater zu seinen drei Kindern: „Kommt, wir wollen der Mutter entgegenlaufen!"Die armen Kleinen ahnten nicht, daß es ihr letzter Gang sein sollte. Als sie in der Nähe des auf den Zierlich'schen Feldern liegenden Schachtes angekommen waren, warf der Vater zunächst das jüngste Kind in die Tiefe, dann den anderen Buben. Der größte Sohn konnte zunächst fliehen, wurde aber gefangen. Weinend bettelte er um sein Leben. Doch der unmenschliche Vater stürzte auch ihn hinunter in den Schacht. Das geschah am 11. August 1836. Totengräber Grämer hatte die schwierige Aufgabe, die drei toten Kinder aus dem Schacht zu bergen. Der Mörder aber wurde zu lebenslänglichem Zuchthaus verurteilt. Nach einer Weile ließ Gottlieb Meyer in seiner Zelle zu Protokoll nehmen, daß er noch einen Mord auf dem Gewissen habe und sein Spießgeselle Siegismund Porges in Geyer sei. Den Tatort könne aber nur er selbst bezeichnen. Man transportierte Meyer in seinen Heimatort zum Lokaltermin. Auch Porges war verhaftet worden. Doch der beteuerte seine Unschuld. Flehentlich bat er Gott, ein Zeichen seiner Unschuld zu setzen. Das geschah auch. Während des 11-Uhr-Läutens, gerade als die Wächter Porges abtransportieren wollten, brach der Klöppel aus der Glocke und fiel vom Turm. Mörder Meyer gestand, daß er die Geschichte von diesem Mord nur erfunden und Porges fälschlich beschuldigt habe. Er wollte nur das Zuchthaus verlassen und vor seinem Tode noch einmal seine Heimatstadt Geyer sehen. Porges wurde entlassen, aber Meyer beendete sein Leben hinter Zuchthausmauern.

Die Geyersche Binge

Mehr als vierhundert Jahre lang hatten die Bergleute in das feste Gestein große Hohlräume geschlagen, denn um einen Zentner Zinn zu gewinnen, mußten zehn Kubikmeter Abraum weggeräumt werden. Der weitläufig unterhöhlte Berg war durch das notwendige Feuersetzen zudem spröde geworden. Im Herbst 1704 stürzte das „Zwitterstockwerk" am Geyersberg zum ersten Mal zusammen. Einem Bruch im Jahre 1791 folgte 1795 ein weiterer.

Werkstattstübchen von Gunter Flath (oben), Weihnachtsmarkt in Seiffen

Die im Buch vorgestellten Seiffener Holzkünstler freuen sich auf Ihre Anfragen.

Wolfgang Glöckner, Seiffener Schwibbogen, Miniaturen „Dörfliches Leben". Zusammenstellungen nach Wahl, Werkstattverkauf möglich. Deutschneudorfer Str. 16, 09548 Kurort Seiffen, Tel. 03 73 62 / 86 36, Fax über 03 73 62 / 72 05.
Gaststätte „Holzwurm" mit Ausstellung der Werke von Wolfgang Glöckner, Hauptstr. 71 A, 09548 Kurort Seiffen, Tel. 03 73 62 / 72 77, Fax 03 73 62 / 72 05.

Seiffener Nussknackerhaus, Christian Ulbricht GmbH & Co. KG. Erzgebirgische Holzkunst-Manufaktur. Oberheidelberger Str. 4 A, 09548 Kurort Seiffen, Tel. 03 73 62 / 7 75 0, Fax 03 73 62 / 7 75 – 19.

Volker Füchtner, Werkstatt alter Volkskunst, Geburtshaus des Nußknackers. Deutschneudorfer Str. 34, 09548 Kurort Seiffen, Tel. 03 73 62 / 83 64.

Johannes Ulbricht, Werkstatt Seiffener Volkskunst, Handwerksmeister. Hauptstr. 19, 09548 Kurort Seiffen, Tel. 03 73 62 / 84 61.

Gunter Schalling, Kunstgewerbliche Drechslerei, Herstellung von Spieldosen, Pyramiden, Krippenfiguren, Schwibbögen und zeitlosem Tafelschmuck. Am Rathaus 7, 09548 Kurort Seiffen, Tel./Fax 03 73 62 / 86 94.

Paul Ullrich, Inhaberin Monika Ullrich-Hilscher, Erzgebirgisches Kunsthandwerk, Am Bahnhof 35, 09548 Kurort Seiffen, Tel./Fax 03 73 62 / 82 31 und 03 73 61 / 4 66 – 0.

Klaus Merten, Werkstatt für Seiffener Volkskunst GbR, Am Reicheltberg 1, 09548 Kurort Seiffen, Tel./Fax 03 73 62 / 7 61 77, Internet: www.klaus-merten.de

Theo Lorenz, Erzgebirgische Volkskunst, Weihnachtskrippen, Pyramiden, Spieldosen, Schwibbögen, Schnitzereien, Figuren. Oberseiffenbacher Str. 35, 09548 Kurort Seiffen, Tel. 03 73 62 / 82 28, Fax 03 73 62 / 1 72 05.

Karl-Heinz Bilz, Erzgebirgische Miniaturen. Oberheidelberger Str. 13, 09548 Seiffen, Tel. 03 73 62 / 82 45, Fax 03 73 62 / 1 70 65, eMail: karl-heinz.bilz.seiffen@online.de. Internet: www.seiffen-erzgebirge.de/k.h.bilz.

Klaus Hübsch, Erzgebirgische Holzwaren. Oberseiffenbacher Str. 22, 09548 Kurort Seiffen, Tel. 03 73 62 / 86 43, Fax 03 73 62 / 8 78 56.

Herbert Helbig, erzgebirgisches Kunstgewerbe, Produktion von Reiterlein, Leuchtern, Schwibbögen und Puppenstubenmöbeln. Hauptstr. 22, 09548 Kurort Seiffen, Tel. 03 73 62 / 84 08, Fax 03 73 62 / 84 56.

Walter Werner, Kunsthandwerk e.K., Inhaber Siegfried Werner, Gartenweg 9, 09548 Kurort Seiffen, Tel. 03 73 62 / 86 75, Fax 03 73 62 / 7 62 87. Historische Bergparaden, erzgebirgische Weihnachts- und Krippenfiguren.

Wolfgang Werner, Spielzeug e.K. Am Rathaus 11, 09548 Kurort Seiffen, Tel. 03 73 62 / 84 26, Fax 03 73 62 / 7 64 70. Internet: www.seiffen-erzgebirge.de/wolfgang-werner

Seiffener Stübelmacher Gunter Flath, Deutschneudorfer Str. 24, 09548 Kurort Seiffen, Tel. 03 73 62 / - 84 84, Fax 03 73 62 / 1 70 99. Miniaturstübchen, Spanbäumchen, Logik-Spiele, Mini-Zündholzschachteln, Baumschmuck.

Hotels in Seiffen

Nußknackerbaude, Hotel & Restaurant, Nußknackerstraße 20, 09548 Kurort Seiffen, Tel. 03 73 62 / 7 90, Fax 7 91 79. Sauna, Whirlpool, Kegelbahn. **Hotel Berghof**, Kurhausstraße 36, 09548 Kurort Seiffen, Tel. 03 73 62 / 77 2-0, Fax 77 22 20. Beide Hotels haben Drei– bzw. Vier-Sterne Komfort und ausgezeichnete Restaurants mit erzgebirgstypischer Küche.

Buchtips

Über das Erzgebirge und einzelne Orte im Erzgebirge sind im Ruth Gerig Verlag folgende Bücher erschienen und über den Buchhandel lieferbar:

„**Erzgebirge sagenhaft**", Sagen, Bilder und Geschichten, 96 Seiten. ISBN 3-928275-28-3.

„**Erzgebirge-Reiseminiaturen**", Bild/Textband, 64 Seiten. ISBN 3-928275-44-5.

„**Erzgebirge**", Postkartenbuch mit 32 Farbpostkarten, dreisprachige Texte. ISBN 3-928275-69-0.

„**Kunsthandwerk aus dem Erzgebirge**", Postkartenbuch mit 32 Farbpostkarten. ISBN 3-928275-63-1.

„**Schneeberg**", Bild/Textband, 64 Seiten. ISBN 3-928275-38-0.

„**Freiberg**", Bild/Textband, 48 Seiten. ISBN 3-928275-39-9.